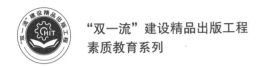

"双一流"建设精品出版工程
素质教育系列

大学生生涯发展自导手册
SELF-DIRECTED HANDBOOK OF CAREER DEVELOPMENT
FOR COLLEGE STUDENTS

主　编　何艺宁　朱小亮
副主编　于　游　王　芳　王　晶
编　者　（按姓氏音序排列）
　　　　陈　燃　韩　璐　黄　露
　　　　江翰博　阚国常　刘　凤
　　　　刘洪良　秦必达　宋宏宇
　　　　孙景志　王晨阳　周　莹

哈尔滨工业大学出版社
HARBIN INSTITUTE OF TECHNOLOGY PRESS

内 容 简 介

这是一本专门为大学生朋友量身定制的生涯发展自导手册。根据目前同学们普遍存在的生涯困惑和需求,将生涯知识、生涯测评与生涯实践相结合,通过大量的探究性练习,引导同学们激发梦想,确立目标,制订计划,坚持行动,实现生涯理想。

本书主要适用于普通高等学校一年级学生,可作为高校生涯教育配套练习册使用,也可以独立使用,帮助读者完成自我规划。

图书在版编目(CIP)数据

大学生生涯发展自导手册/何艺宁,朱小亮主编. — 哈尔滨:哈尔滨工业大学出版社,2020.8
ISBN 978-7-5603-8728-4

Ⅰ.①大… Ⅱ.①何… ②朱… Ⅲ.①大学生-职业选择 Ⅳ.①G647.38

中国版本图书馆 CIP 数据核字(2020)第 041584 号

策划编辑	李艳文　范业婷
责任编辑	苗金英
出版发行	哈尔滨工业大学出版社
社　　址	哈尔滨市南岗区复华四道街 10 号　邮编 150006
传　　真	0451-86414749
网　　址	http://hitpress.hit.edu.cn
印　　刷	哈尔滨博奇印刷有限公司
开　　本	787mm×960mm　1/16　印张 24.5　字数 477 千字
版　　次	2020 年 8 月第 1 版　2020 年 8 月第 1 次印刷
书　　号	ISBN 978-7-5603-8728-4
定　　价	88.00 元

(如因印装质量问题影响阅读,我社负责调换)

前言

致同学们:

亲爱的同学们,首先要恭喜你成功踏入大学的校门,开始迎接一段全新的旅程。

相信大家从小经常听到这样一句话,"好好学习,考上一所好的大学",但是也许不曾有人告诉你下面这些问题的答案。考上大学以后要做什么?这和同学们的未来究竟有怎样的联系?大学毕业后要过上怎样的生活?想要寻求答案,你需要了解一些生涯知识,并付诸实践。

我们致力于专门为大学生朋友打造一本生涯发展自导手册,通过大量的探究性练习,引导同学们激发梦想,确立目标,制订计划,坚持行动,实现生涯理想。有些练习需要同学们走出校门进入社会才能完成,按照手册思路认真完成这些练习,同学们的生涯探索发展之路会水到渠成。

这是一本关于梦想的书,发现自己,面向未来。
这是一本关于目标的书,立足现实,细分目标。
这是一本关于实践的书,坚持行动,静待花开。

生涯发展和规划就是这样一件奇妙的事情,让你不断思考未来,不断预见未知的自己,通过每个微小的行动慢慢靠近理想中的自己,成长为自己的样子。

　　愿你的生涯由你设计。

　　愿你的生命有无限可能。

　　也许有人会说,有必要这么早就规划吗?

　　其实,多年后回头看你会发现,现在恰恰是你思考未来和为梦想做准备的最佳时间。

　　让我们一起从心出发,开始大学生涯之旅。

何艺宁　朱小亮
2020 年 3 月

目录

1 大一上　开启大学生活　/ 1

认知篇　/ 3
 书写自传:认识自己　/ 4
 上大学的若干理由　/ 6
 角色转变:大学与高中的不同　/ 7
 认识新环境　/ 8
 大学生活适应自测　/ 9
 生涯的联想　/ 11
 绘制生涯彩虹图　/ 12
 初步定位　/ 15
 对大学的期待　/ 16

行动篇　/ 17
 第1学期梦想清单　/ 18
 第1学期学业规划　/ 19
 第1学期课程表　/ 20
 第1学期成长规划　/ 21
 第1月月计划　/ 22
 第1月月记录　/ 23
 第1月月复盘　/ 24
 第2月月计划　/ 25
 第2月月记录　/ 26

第 2 月月复盘 　　　　　　　　　　/ 27
第 3 月月计划 　　　　　　　　　　/ 28
第 3 月月记录 　　　　　　　　　　/ 29
第 3 月月复盘 　　　　　　　　　　/ 30
第 4 月月计划 　　　　　　　　　　/ 31
第 4 月月记录 　　　　　　　　　　/ 32
第 4 月月复盘 　　　　　　　　　　/ 33
第 1 学期末评估与总结　　　　　　　/ 34
假期记录与总结　　　　　　　　　　/ 36
生涯阅读　　　　　　　　　　　　　/ 38
　1.1　大学能给我们的人生带来什么？/ 38
　1.2　从高中到大学的角色转换　　　/ 40
　1.3　从生涯到职业生涯规划　　　　/ 42
　1.4　舒伯生涯发展理论　　　　　　/ 44
　1.5　生涯规划的内容与步骤　　　　/ 45
　1.6　常见的生涯规划误区　　　　　/ 46
　1.7　设立目标的指导原则　　　　　/ 47
　1.8　习惯养成训练之 21 天法则　　/ 48

2　大一下　天生我材必有用　/ 51

认知篇　　　　　　　　　　　　　　/ 53
　生涯适应力测评　　　　　　　　　/ 54
　职业倾向自我探索测评　　　　　　/ 55
　MBTI 性格密码　　　　　　　　　 / 68
　技能挖掘与评估　　　　　　　　　/ 71
　探寻职业价值观　　　　　　　　　/ 75
　亲手打开专业之门　　　　　　　　/ 77
　生涯评估与整合　　　　　　　　　/ 78

行动篇 / 79

- 第 2 学期梦想清单 / 80
- 第 2 学期学业规划 / 81
- 第 2 学期课程表 / 82
- 第 2 学期成长规划 / 83
- 第 1 月月计划 / 84
- 第 1 月月记录 / 85
- 第 1 月月复盘 / 86
- 第 2 月月计划 / 87
- 第 2 月月记录 / 88
- 第 2 月月复盘 / 89
- 第 3 月月计划 / 90
- 第 3 月月记录 / 91
- 第 3 月月复盘 / 92
- 第 4 月月计划 / 93
- 第 4 月月记录 / 94
- 第 4 月月复盘 / 95
- 第 2 学期末评估与总结 / 96
- 假期记录与总结 / 98
- 生涯阅读 / 100
  - 2.1 兴趣、职业兴趣与生涯发展 / 100
  - 2.2 性格与生涯发展 / 103
  - 2.3 能力、技能与生涯发展 / 106
  - 2.4 价值观、职业价值观与生涯发展 / 110
  - 2.5 计划制订与评估调整 / 111

3 大二上　外部世界探索　／113

认知篇　／115
　　认知行业概貌　／116
　　认知企业与组织　／117
　　认知职能　／118
　　认知专业　／119
　　你的家族职业树　／120
　　典型企业（组织）调研　／121
　　目标岗位调研　／122
　　职业生涯人物访谈　／123
　　职业方向分析　／124

行动篇　／125
　　第3学期梦想清单　／126
　　第3学期学业规划　／127
　　第3学期课程表　／128
　　第3学期成长规划　／129
　　第1月月计划　／130
　　第1月月记录　／131
　　第1月月复盘　／132
　　第2月月计划　／133
　　第2月月记录　／134
　　第2月月复盘　／135
　　第3月月计划　／136
　　第3月月记录　／137
　　第3月月复盘　／138
　　第4月月计划　／139
　　第4月月记录　／140
　　第4月月复盘　／141

第3学期末评估与总结　　　　　　／142
　　假期记录与总结　　　　　　　　／144
　　生涯阅读　　　　　　　　　　　／146
　　　3.1　认识工作世界的方法与途径　／146
　　　3.2　认识行业　　　　　　　　／148
　　　3.3　认识企业与组织　　　　　／149
　　　3.4　认识职能　　　　　　　　／150
　　　3.5　职业生涯人物访谈　　　　／152

4 大二下　　生涯发展能力拓展　／155

认知篇　　　　　　　　　　　　／157
　　健康管理　　　　　　　　　　　／158
　　情绪管理　　　　　　　　　　　／159
　　时间管理　　　　　　　　　　　／160
　　人际沟通　　　　　　　　　　　／161
　　恋爱观　　　　　　　　　　　　／163
　　团队合作　　　　　　　　　　　／166
　　财务管理　　　　　　　　　　　／168
　　自我效能　　　　　　　　　　　／169
　　领导力　　　　　　　　　　　　／170
　　能力提升计划　　　　　　　　　／175

行动篇　　　　　　　　　　　　／176
　　第4学期梦想清单　　　　　　　／177
　　第4学期学业规划　　　　　　　／178
　　第4学期课程表　　　　　　　　／179
　　第4学期成长规划　　　　　　　／180

第1月月计划　　　　　　　　　/ 181
　　第1月月记录　　　　　　　　　/ 182
　　第1月月复盘　　　　　　　　　/ 183
　　第2月月计划　　　　　　　　　/ 184
　　第2月月记录　　　　　　　　　/ 185
　　第2月月复盘　　　　　　　　　/ 186
　　第3月月计划　　　　　　　　　/ 187
　　第3月月记录　　　　　　　　　/ 188
　　第3月月复盘　　　　　　　　　/ 189
　　第4月月计划　　　　　　　　　/ 190
　　第4月月记录　　　　　　　　　/ 191
　　第4月月复盘　　　　　　　　　/ 192
　　第4学期末评估与总结　　　　　/ 193
　　假期记录与总结　　　　　　　　/ 195
　　生涯阅读　　　　　　　　　　　/ 197
　　　　4.1　情绪管理　　　　　　/ 197
　　　　4.2　不合理信念　　　　　/ 198
　　　　4.3　时间管理　　　　　　/ 199
　　　　4.4　人际沟通　　　　　　/ 203
　　　　4.5　团队合作　　　　　　/ 206
　　　　4.6　自我效能　　　　　　/ 210
　　　　4.7　领导力法则　　　　　/ 211

5 大三上　实习实践训练　　/ 213

认知篇　　　　　　　　　　　　/ 215
　　获得奖学金情况　　　　　　　　/ 216
　　参与学生活动情况　　　　　　　/ 217
　　参与社会实践情况　　　　　　　/ 218
　　科技创新情况　　　　　　　　　/ 219

职业体验前期调查　　　　　　　　/ 220
　　职场实习报告　　　　　　　　　　/ 221
　　获得技能及证书情况　　　　　　　/ 222
　　国际化视野培养　　　　　　　　　/ 223
　　短期交流访学情况　　　　　　　　/ 224

行动篇　　　　　　　　　　　　　　/ 225
　　第5学期梦想清单　　　　　　　　/ 226
　　第5学期学业规划　　　　　　　　/ 227
　　第5学期课程表　　　　　　　　　/ 228
　　第5学期成长规划　　　　　　　　/ 229
　　第1月月计划　　　　　　　　　　/ 230
　　第1月月记录　　　　　　　　　　/ 231
　　第1月月复盘　　　　　　　　　　/ 232
　　第2月月计划　　　　　　　　　　/ 233
　　第2月月记录　　　　　　　　　　/ 234
　　第2月月复盘　　　　　　　　　　/ 235
　　第3月月计划　　　　　　　　　　/ 236
　　第3月月记录　　　　　　　　　　/ 237
　　第3月月复盘　　　　　　　　　　/ 238
　　第4月月计划　　　　　　　　　　/ 239
　　第4月月记录　　　　　　　　　　/ 240
　　第4月月复盘　　　　　　　　　　/ 241
　　第5学期末评估与总结　　　　　　/ 242
　　假期记录与总结　　　　　　　　　/ 244
　　生涯阅读　　　　　　　　　　　　/ 246
　　　　5.1　有效参与社团活动　　　 / 246
　　　　5.2　社会实践与职场体验　　 / 247
　　　　5.3　全球胜任力　　　　　　 / 250

6 大三下　　生涯决策与目标确立 / 253

认知篇 / 255
  找准生涯方向　　　　　　　　　　/ 256
  生涯决策平衡单　　　　　　　　　/ 257
  国内深造准备清单　　　　　　　　/ 258
  出国留学准备清单　　　　　　　　/ 259
  求职准备清单　　　　　　　　　　/ 260
  生涯准备程度自评　　　　　　　　/ 261
  制订阶段性目标　　　　　　　　　/ 262

行动篇 / 263
  第6学期梦想清单　　　　　　　　/ 264
  第6学期学业规划　　　　　　　　/ 265
  第6学期课程表　　　　　　　　　/ 266
  第6学期成长规划　　　　　　　　/ 267
  第1月月计划　　　　　　　　　　/ 268
  第1月月记录　　　　　　　　　　/ 269
  第1月月复盘　　　　　　　　　　/ 270
  第2月月计划　　　　　　　　　　/ 271
  第2月月记录　　　　　　　　　　/ 272
  第2月月复盘　　　　　　　　　　/ 273
  第3月月计划　　　　　　　　　　/ 274
  第3月月记录　　　　　　　　　　/ 275
  第3月月复盘　　　　　　　　　　/ 276
  第4月月计划　　　　　　　　　　/ 277
  第4月月记录　　　　　　　　　　/ 278
  第4月月复盘　　　　　　　　　　/ 279
  第6学期末评估与总结　　　　　　/ 280
  假期记录与总结　　　　　　　　　/ 282

生涯阅读 /284
 6.1 正确认识决策 /284
 6.2 认知信息加工理论 /285
 6.3 生涯决策平衡单 /287

7 大四上　向目标发起冲刺 /289

认知篇 /291
 生涯规划方案评估与调整 /292
 读研准备情况 /293
 出国准备情况 /294
 求职准备情况 /295
 打造个人简历 /296
 书写我的成就事件 /297
 面试锦囊 /298
 求职日程表 /300

行动篇 /301
 第7学期梦想清单 /302
 第7学期学业规划 /303
 第7学期课程表 /304
 第7学期成长规划 /305
 第1月月计划 /306
 第1月月记录 /307
 第1月月复盘 /308
 第2月月计划 /309
 第2月月记录 /310
 第2月月复盘 /311
 第3月月计划 /312
 第3月月记录 /313
 第3月月复盘 /314
 第4月月计划 /315

第 4 月月记录 / 316
第 4 月月复盘 / 317
第 7 学期末评估与总结 / 318
假期记录与总结 / 320
生涯阅读 / 322
 7.1 生涯规划方案评估与调整 / 322
 7.2 简历制作 / 323
 7.3 面试技巧 / 326
 7.4 求职礼仪 / 330

8 大四下　未来无限可能　/ 333

认知篇　/ 335
 生涯规划方案评估与调整 / 336
 大学生活回顾 / 337
 大学生活留言 / 338
 角色转变：大学与职场的不同 / 339
 幸福的方式不止一种 / 340
 人生有什么可能 / 341
 再绘生涯彩虹图 / 342
 职业定位与发展 / 343

行动篇　/ 344
 第 8 学期梦想清单 / 345
 第 8 学期学业规划 / 346
 第 8 学期课程表 / 347
 第 8 学期成长规划 / 348
 第 1 月月计划 / 349
 第 1 月月记录 / 350
 第 1 月月复盘 / 351

第 2 月月计划 / 352
第 2 月月记录 / 353
第 2 月月复盘 / 354
第 3 月月计划 / 355
第 3 月月记录 / 356
第 3 月月复盘 / 357
第 4 月月计划 / 358
第 4 月月记录 / 359
第 4 月月复盘 / 360
第 8 学期末评估与总结 / 361
假期记录与总结 / 363
生涯阅读 / 365
 8.1 职场适应 / 365
 8.2 人生的四种方向：高度、深度、宽度和温度 / 368
 8.3 打造职业规划要知道的五件事 / 370
 8.4 做现实的理想主义者 / 371

参考文献 / 373

1 大一上
开启大学生活

1 大一上 开启大学生活

历史和现实都告诉我们,青年一代有理想、有担当,国家就有前途,民族就有希望,实现中华民族伟大复兴就有源源不断的强大力量。

——习近平

书写自传:认识自己

天上地下,古往今来,我最欣赏或佩服的 3 个人是谁?
用 3~5 个关键词概括我欣赏或佩服他们的原因。

_____
_____
_____
_____

回望过去(0~19 岁)

_____
_____
_____
_____

展望未来(20~80 岁)
　　让我们一起坐上时光隧道机,来到未来的世界。你期待在未来的你身上会发生什么样的故事呢?以下的问题可以作为参考:
你想成为一个什么样的人?
你在从事什么职业?过着什么样的生活?
什么对你是最重要的?
为了实现梦想,你大概的计划和步骤有哪些?
在执行这些计划的时候,你可能会遇到什么困难和挑战?如果遇到了,你将如何应对?
你还需要哪些支持和资源?你将如何争取?
你最有可能尝试的是什么?
你达成目标的条件有哪些?
你行动的动力是什么?如何知道自己得到了动力?
在这个过程中,你还有可能获得什么?
你愿意为之付出什么样的代价?
通过努力和尝试,你实现了自己的目标,这个过程将对你产生怎样的影响?

20~39 岁

40~59 岁

60~80 岁

总结一生(80岁+)

假如今天是你80岁生日,在座的各位都是从世界各地赶来为你庆祝生日的亲朋好友,大家都非常羡慕你的人生:

你最希望得到人们关于哪些方面的称赞?

在他们看来,伴随你一生的关键词有哪些?

如果在宴会上你要对自己的前80年做个总结,你会说什么?

如果要你给自己的人生传记命名,会是什么?

请把传记名字写在书的封面上,从现在开始,你可以有意识地创造属于自己的独一无二的人生了。

上大学的若干理由

恭喜你！一路从小学、初中、高中走来，迈入了大学的门槛。你上大学的理由是……

1
2
3
4
5
6
7
8
9
10

角色转变:大学与高中的不同

高中	大学

认识新环境

我的大学

访谈问题	被访人1	被访人2	被访人3
大学特点(确认与我之前的认识有无出入)			
本大学优势			
本大学劣势			
对我的建议			

我的专业

访谈问题	被访人1	被访人2	被访人3
专业特点			
学好本专业需要具备的能力和素质			
毕业后的就业情况			
对我的建议			

大学生活适应自测

以下问题是为了了解并增进你对学校生活的适应性而设计的测试,请你对下列题目做出最适合你的回答。

题　目	是	不确定	否
1. 我最怕转学或转班级,每到一个新环境,我总要经过很长一段时间才能适应			
2. 每到一个新的地方,我很容易同别人接近			
3. 在陌生人面前,我常无话可说,以致感到尴尬			
4. 我最喜欢学习新知识或新学科,它给我一种新鲜感,能调动我的积极性			
5. 每到一个新的地方,我第一天总是睡不好,即使是在家里,换一张床有时也会失眠			
6. 不管生活条件发生多大变化,我都能很快习惯			
7. 越是人多的地方,我越感到紧张			
8. 在正式比赛或考试时,我的成绩多半不会比平时练习时差			
9. 我最怕在班上发言,全班同学都看着我,心都快跳出来了			
10. 即使有的同学对我有看法,我也能同他交往			
11. 老师在场的时候,我做事情总是有些不自在			
12. 和同学、家人相处,我很少固执己见,乐于采纳别人的意见			
13. 同别人争吵时,我常常感到语塞,事后才想起该怎样反驳对方,可惜已经太迟了			
14. 我对生活条件要求不高,即使条件很艰苦,我也能过得很愉快			
15. 有时自己明明把课文背得滚瓜烂熟,可在课堂上背的时候,还是会出差错			
16. 在决定胜负的关键时刻,我虽然很紧张,但总能很快使自己镇定下来			
17. 对于我不喜欢的东西,不管怎么学也学不会			
18. 在嘈杂混乱的环境里,我仍能集中精力学习,并且效率较高			
19. 我不喜欢陌生人来家里做客,每逢这种情况,我就会有意回避			
20. 我很喜欢参加社交活动,我感到这是交朋友的好机会			

评分规则

凡是单数号题,回答"是"记-2分,"不确定"记0分,"否"记2分;凡是双数号题,回答"是"记2分,"不确定"记0分,"否"记-2分。然后将各题得分相加,即得总分。

你的总分_____

35~40分:社会适应能力很强,能很快地适应新的学习、生活环境,与人交往轻松、大方,给人的印象极好,无论进入什么样的新环境,都能应对自如、左右逢源。

29~34分:社会适应能力良好。

17~28分:社会适应能力一般,当进入一个新的环境,要经过一段时间的努力,才能基本上适应。

6~16分:社会适应能力较差,依赖于较好的学习、生活环境,一旦遇到困难则易怨天尤人,甚至消沉。

5分及以下:社会适应能力很差,在各种环境中,即使经过一段相当长时间的努力,也不一定能适应,常常因感到与周围事物格格不入而十分苦闷。在与他人的交往中,总显得拘谨、羞怯、手足无措。

(【资料来源】朱小根主编:《大学生心理健康教育》,清华大学出版社,2001年版,第32~34页。)

适应是心理健康的一项最基本的标志,是大学生必备的心理素质。每一个学生升入大学之后都会遇到适应问题,这是毋庸置疑的。为尽快适应大学的学习生活,促进自己的健康成长,大学生要正确面对遇到的问题,自觉调整心态,尽快缩短适应期。

生涯的联想

在你心目中,什么是"生涯"?什么是"生涯发展"?什么是"生涯规划"?请分别写下你对"生涯""生涯发展"和"生涯规划"的联想。

生涯就像

生涯发展是

生涯规划是

绘制生涯彩虹图

可以参照生涯阅读1.4中有关舒伯生涯发展理论的内容,用画笔描绘你的生涯彩虹图。

步骤一:将职业发展的不同阶段标注到半圆上。以自己的实际发展年龄和规划的发展阶段年龄来标注。例如,你的职业初步定位是在16~18岁完成的,那么就在16~18岁的地方标注"职业初步定位"。例如,你规划自己的职业中期为40~50岁,那么就按照自己的规划进行标注。

步骤二:确定生涯角色和它们代表的颜色。我们介绍了生活中的各种角色,按照舒伯的观点,他认为人在一生中需要扮演9种主要的角色,依次是:子女、学生、休闲者、公民、工作者、夫妻、家长、父母和退休者。不局限于舒伯的观点,给自己确定6~9种一生中需要扮演的角色,然后为自己的每一个角色确定一种颜色。例如,用黄色代表"子女角色",用蓝色代表"职业角色"等。

步骤三:标注每个角色的名称,并确定每个角色的起止年龄。按照拟定的生涯角色,在半圆每个弧形中标注上角色名称,然后确定每个角色的起止年龄,这取决于你对这个角色的理解。

步骤四:绘制回顾过去的生涯彩虹图。以目前年龄画出一条半径,依据你过去在各个角色中投入的时间和心力描绘上色。

步骤五:绘制展望未来的生涯彩虹图。根据你期待的未来生涯描绘上色。生涯彩虹的绘制过程就是一个自我咨询的过程,期间难免经历内心纠结,甚至痛苦,不过,当费尽心神完成这个生涯彩虹图时,收获的将是自我的成长。

绘制小提示:

首先,根据自己的过往经历和未来的生涯规划合理划分不同的时期。这里过往经历是已经发生过的,我们需要认真归纳,按照经历的角色或生活状态的特定性来合理划分。而没有发生过的则按照我们对未来的规划进行划分。需要问自己:我何时工作?何时完成我的职业定位?我何时结婚?何时有孩子?何时会脱产进修?我会为家人中断一段职业经历吗?我的婚姻会中断吗?我考虑何时达到财务自由?……这些问题的考量都可能成为你划分不同时期的因素。

其次,严格来说,每个时期各个角色所占比重之和应该是100%,我们要认真考虑每个时期里自己的主要生活角色,以及各角色间的平衡关系。绘制过程中不断询问自己:为什么会是这样?这样合理吗?有没有更好的可能?

最后，每个时期应与各个职业发展阶段以及整个职业生涯相平衡，也就是说，所绘制的每个时期都不应是孤立的，它与各阶段的职业发展以及整个职业生涯相互联系，特别是进入职场后更是如此。所以，在绘制时我们需要不断提醒自己，这个阶段的职业发展任务是什么？外在的环境又会有哪些可能的变化？这个时期的主要角色与整个职业生涯间有什么相互的承接？

现在，请仔细端详画好的生涯彩虹图。

它记录了你过去五彩斑斓的生活，也描绘了绚丽多姿的未来。

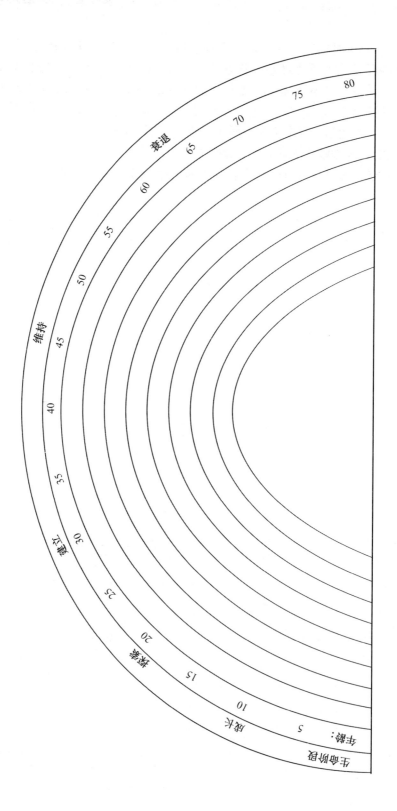

1　大一上　　开启大学生活

 **初步定位**

你的专业是怎样选择的＿＿＿＿＿＿＿＿＿＿＿＿＿＿＿＿＿＿＿＿＿＿＿
你对专业的了解情况是＿＿＿＿＿＿＿＿＿＿＿＿＿＿＿＿＿＿＿＿＿＿
你对专业的总体感觉是＿＿＿＿＿＿＿＿＿＿＿＿＿＿＿＿＿＿＿＿＿＿
你的专业今后可以做＿＿＿＿＿＿＿＿＿＿＿＿＿＿＿＿＿＿＿＿＿＿＿
你喜欢的专业是＿＿＿＿＿＿＿＿＿＿＿＿＿＿＿＿＿＿＿＿＿＿＿＿＿
你最理想的工作是＿＿＿＿＿＿＿＿＿＿＿＿＿＿＿＿＿＿＿＿＿＿＿＿
你最理想的生活形态是＿＿＿＿＿＿＿＿＿＿＿＿＿＿＿＿＿＿＿＿＿＿
你目前的职业定位与发展规划是

对大学的期待

给4年后的自己写一封信。

　　一个人若是看不到未来,就掌握不住现在;一个人若是掌握不住现在,就看不到未来。生涯之学,即应变之学。

——金树人

第1学期梦想清单

它们可以很抽象,也可以很具体;可以很伟大,也可以很平凡;可以很严肃,也可以很活泼。请梳理你的想法,列一张自己的学期梦想清单。

1 大一上　　开启大学生活

 第 1 学期学业规划

个人学业规划是对教学计划内课程和课外课程的学习目标进行规划。

类别	课程名称	预期目标	行动计划
公共课			
专业课			
选修课			
技能操作			
课外学习			

第 1 学期课程表

时间	星期一	星期二	星期三	星期四	星期五	星期六	星期日

第1学期成长规划

大学生在大学期间要养成健康的生活习惯,培养健康的兴趣爱好,建立良好的人际关系,树立正确的爱情观,要在专业学习上积累知识,同时为下一阶段步入职场做准备,积极参加各种学生活动与社会实践,锻炼自己各方面的能力。

学期成长规划主要从学习进修、职业发展、人际交往、个人情感、身心健康、休闲娱乐、财务管理、家庭生活、服务社会等全面发展的角度进行规划。下表给出了一些例子,同学们可以根据自身实际情况完成自己的学期成长规划。

学习进修 · 高等数学90分以上 · 通过英语四级考试	职业发展 · 了解专业就业前景 · 探索个人职业兴趣	人际交往 · 和室友关系融洽 · 积极参加班级活动
个人情感 · 树立正确的恋爱观 · 结交1~2个知心朋友	身心健康 · 坚持每周游泳 · 不抽烟、不酗酒	休闲娱乐 · 每月阅读1本书 · 学习1种乐器
财务管理 · 养成每月记账的习惯 · 学习理财知识	家庭生活 · 每周给父母打1次电话 · 记住家人生日并送礼物	服务社会 · 参加2次志愿服务活动 · 关注学校青协活动

第1月月计划

理想的实现是一个循序渐进的过程,它必须一步一个脚印,脚踏实地地去行动。因此,我们要学会把中长期目标分解细化成若干个小的短期目标,实施具体的行动计划和步骤,一步步靠近理想。请根据学期成长规划和学业规划在每个月第一天制订月目标和月计划。

目标	预期成效	完成时间	行动策略
坚持每天背诵四级单词	每天背20个单词	第1月月末	每天早上 7:30~8:00用软件背单词,加入打卡群互相监督
学会视频剪辑	完成5分钟大学生活剪辑视频	9月7日~9月22日	学习视频剪辑教程,收集照片素材并剪辑成视频

第1月月记录

月　日~　月　日

星期一	星期二	星期三	星期四	星期五	星期六	星期日
交高数作业	游泳1小时	社团开会	打扫卫生	给家人打电话	敬老院志愿服务	与室友逛街

本月重要事项

例:9月10日给老师送上教师节祝福

本月习惯养成训练

例:每天背20个单词

第1周满意度 ☆☆☆☆☆

第2周满意度 ☆☆☆☆☆

第3周满意度 ☆☆☆☆☆

第4周满意度 ☆☆☆☆☆

第5周满意度 ☆☆☆☆☆

第 1 月月复盘

　　生涯发展是一个动态的过程,一些不确定的因素会使原来制订的计划与现实情况有所偏差,阶段性总结、反思、评估、修正,有助于我们及时调整生涯规划。
　　本月满意度评估(1~10分):例:8分
　　满意完成事项:例:按时完成作业;每周和家人通话;坚持背单词25天;参加志愿活动;学习视频剪辑

复盘没有完成的事
例:没有坚持运动、5天没背单词

寻找障碍背后的深层理由
例:没有合理安排好时间,惰性强

找到下个月的提升点
例:加强时间管理;寻找背单词伙伴,寻找运动伙伴,互相监督

第2月月计划

理想的实现是一个循序渐进的过程,它必须一步一个脚印,脚踏实地地去行动。因此,我们要学会把中长期目标分解细化成若干个小的短期目标,实施具体的行动计划和步骤,一步步靠近理想。请根据学期成长规划和学业规划在每个月第一天制订月目标和月计划。

目标	预期成效	完成时间	行动策略

第 2 月月记录

月　日~　月　日

星期一	星期二	星期三	星期四	星期五	星期六	星期日

本月重要事项

_____

_____

本月习惯养成训练

_____

第 1 周满意度 ☆☆☆☆

第 2 周满意度 ☆☆☆☆

第 3 周满意度 ☆☆☆☆

第 4 周满意度 ☆☆☆☆

第 5 周满意度 ☆☆☆☆

第2月月复盘

生涯发展是一个动态的过程,一些不确定的因素会使原来制订的计划与现实情况有所偏差,阶段性总结、反思、评估、修正,有助于我们及时调整生涯规划。

本月满意度评估(1~10分):_____

满意完成事项:_____

复盘没有完成的事

寻找障碍背后的深层理由

找到下个月的提升点

第3月月计划

理想的实现是一个循序渐进的过程,它必须一步一个脚印,脚踏实地地去行动。因此,我们要学会把中长期目标分解细化成若干个小的短期目标,实施具体的行动计划和步骤,一步步靠近理想。请根据学期成长规划和学业规划在每个月第一天制订月目标和月计划。

目标	预期成效	完成时间	行动策略

1 大一上　　开启大学生活

第 3 月月记录

月　日~月　日

星期一	星期二	星期三	星期四	星期五	星期六	星期日

本月重要事项

_____

_____

本月习惯养成训练

_____

第 1 周满意度 ☆☆☆☆☆
第 2 周满意度 ☆☆☆☆☆
第 3 周满意度 ☆☆☆☆☆
第 4 周满意度 ☆☆☆☆☆
第 5 周满意度 ☆☆☆☆☆

第3月月复盘

生涯发展是一个动态的过程,一些不确定的因素会使原来制订的计划与现实情况有所偏差,阶段性总结、反思、评估、修正,有助于我们及时调整生涯规划。

本月满意度评估(1~10分):_____

满意完成事项:_____

_____

复盘没有完成的事

寻找障碍背后的深层理由

找到下个月的提升点

第 4 月月计划

理想的实现是一个循序渐进的过程,它必须一步一个脚印,脚踏实地地去行动。因此,我们要学会把中长期目标分解细化成若干个小的短期目标,实施具体的行动计划和步骤,一步步靠近理想。请根据学期成长规划和学业规划在每个月第一天制订月目标和月计划。

目标	预期成效	完成时间	行动策略

第4月月记录

月　日~　月　日

星期一	星期二	星期三	星期四	星期五	星期六	星期日

本月重要事项

本月习惯养成训练

第1周满意度 ☆☆☆☆☆
第2周满意度 ☆☆☆☆☆
第3周满意度 ☆☆☆☆☆
第4周满意度 ☆☆☆☆☆
第5周满意度 ☆☆☆☆☆

第4月月复盘

生涯发展是一个动态的过程,一些不确定的因素会使原来制订的计划与现实情况有所偏差,阶段性总结、反思、评估、修正,有助于我们及时调整生涯规划。

本月满意度评估(1~10分):＿＿＿＿＿＿＿＿＿＿＿＿＿＿＿＿＿

满意完成事项:＿＿＿＿＿＿＿＿＿＿＿＿＿＿＿＿＿＿＿＿＿＿＿＿＿

复盘没有完成的事

寻找障碍背后的深层理由

找到下个月的提升点

第 1 学期末评估与总结

还记得学期初制订的个人学业规划和成长规划吗？
现在请回顾经过这一个学期你的目标完成情况。

学期总结表

目标	完成情况	主观原因/客观原因	调整与改进	反思总结

1 大一上 开启大学生活

对于第 1 学期,你的总体满意度是多少分?(1~10 分)

第 1 学期什么事让你感到特别有成就感?把这些事写下来并给自己一个奖励吧。

☺ _____

☺ _____

☺ _____

第 1 学期你最大的收获是什么?

本学期你支持了谁?帮助了谁?

本学期你最想感激的人是谁?为什么?

本学期有哪些遗憾?你准备如何改进和提高?

假期记录与总结

假期是一段很有意义的时光,会有更多的时间去充实和丰富自己。
看看你的学期梦想清单,哪些梦想你希望在假期里实现?
把这些目标填进表格里,并列出具体的行动策略。
一件件去完成吧!

目标	行动策略	完成时间	反思总结

1　大一上　开启大学生活

假期结束了,这个假期你过得怎么样？总体满意度是多少分？（1~10分）

对于这个假期,你做的最有价值的事情是什么？

对于这个假期,你最大的收获是什么？

对于这个假期,你有哪些遗憾？你准备如何改进和提高？

新学期就要开始了,你有什么新的目标呢？

生涯阅读

1.1 大学能给我们的人生带来什么？

也许我们从小受到的教育，就是要好好学习，考上一所好的大学，以至于很多同学以为，考上好大学就是终点，但是，不知道你是否认真思考过，上大学给我们的人生到底能带来什么，也许只有想清楚了这个问题，以后的大学生活才会有一个比较明确的奋斗方向。

1. 一个新起点、一种新的视野

大学是一个新起点，开阔了新的视野，这是因为，进入大学，你终于放下高考的重担，第一次开始追逐自己的理想、兴趣；这是你离开家庭生活，第一次独立参与团体和社会生活；这是你不再单纯地学习或背诵书本上的理论知识，第一次有机会在学习理论的同时亲身实践；这是你第一次不再由父母安排生活和学习中的一切，而是有足够的自由处置生活和学习中遇到的各类问题，支配所有属于自己的时间。

这可能是你一生中最后一次有机会系统性地接受教育；这可能是你最后一次能够全心建立你的知识基础；这可能是你最后一次可以将大段时间用于学习的人生阶段，也可能是你最后一次可以拥有较高的可塑性，集中精力充实自我的成长历程；这也许是你最后一次能处在相对宽容的，可以置身其中学习为人处世之道的理想环境中。

在这个人生的关键阶段里，所有大学生都应当认真把握每一个"第一次"，让它们成为未来人生道路的基石；在这个阶段里，所有大学生也要珍惜每一个"最后一次"，不要让自己在不远的将来追悔莫及。在大学四年里，大家应该努力为自己编织生活梦想，明确奋斗方向，奠定事业基础。

2. 一个大平台、一种新的生活

大学为我们继续获取知识、训练技能、发挥潜能、展示才华提供了更大的平台。

(1) 大学是一个全新的学习平台。

大学学习和中学学习有很大的不同，大学的学习更主动、更独立、更开放，更注重学习能力和创造性潜能的开发，以及为人处世、人格修养和生活能力的提高；中学学习以各门学科的基础知识为主要内容，而大学学习则更突出专业性和实践性，为走向社会、服务社会做必要的准备。

图书馆是知识的殿堂,是每一所高校重点建设的服务场所。许多大学图书馆不仅藏有各类丰富的古书典籍,供我们与前人进行思想对话,而且拥有数量众多的各类现代科技期刊,供我们汲取现代最前沿的科技知识。随着现代网络技术的发展,高校图书馆的信息化建设也取得了长足的进步。现在,许多大学图书馆都拥有各类先进的数据库和电子图书系统,非常便于查询各类信息。总之,懂得利用图书馆,是我们在大学里获取知识的重要途径。

(2) 大学是一个全新的生活舞台。

进入大学,新的学习环境、新的生活环境、新的人际环境,为我们奠定了充满希望和挑战的全新的生活。有的同学毕业后可能直接进入社会工作,有的还会继续深造,但不管怎样,大学时代都会是你迈入社会前的一个彩排,大学也是一个小社会,里边也有很多接触社会的机会,关键看你怎么想、怎么做。大学生活的经验是很重要的,它可以帮助你习得包括竞争力、适应力、操作力、创造力、自控力、交往力、表达力、自学力等诸多方面的实践能力。为了提高这方方面面的能力,大学里的竞争也是相当激烈的。比如,你中学时代可能并不热衷于学生会、社团,但是大学确实人人都想进,都想锻炼锻炼,预演一下我们即将进入的社会,边做边学,积累宝贵的人生经验、习得必需的生存技能。

大学是触摸梦想、设计未来的空间。大学四年将是我们生命里美好的回忆。可以拥有多彩的活动、深夜里的卧谈会、睿智的老师、可爱的同学……最重要的是,终于可以在这里学习想要接触的科目,在这里能够触摸到自己的梦想,感受到心灵的激情,为自己树立一个目标,并且为之前行!

大学是独立思考、品味人生的摇篮。走过大学会发现,其实最值得珍惜的不是掌握的知识,不是学会的社交能力,不是所拥有的关系,而是这段人生!好好去品味这段人生吧,只要认真去品味大学四年,一定会获益匪浅的。这是有生以来第一次可以独立地感知社会、感悟人生,一定要认真品味、仔细阅读,大学四年有苦有累,但更多的是乐在其中。

3. 一种大学精神、一个人生追求

大学最吸引人也最为世人津津乐道的内容之一就是大学精神。大学精神既深藏于大学之中,又游离于大学之外。它给大学注入了生命活力,使大学不仅是教学楼、图书馆等冷冰冰的建筑群落,也不仅仅是人才的集散地,而是人、思想、价值观念、理性思考、创新、智慧与博大胸怀的代表。大学虽不能直接赋予我们职业、态度、思想、信念和幸福,但大学精神却会潜移默化地滋润我们的精神、信念和信仰,使我们经历一种无形的洗礼和熏陶,这种影响虽然无声,但却巨大,往往是持续终身的。梁漱溟在论述北大精神时说:"彼此质疑,相互问难,兼容并包,追求真理。在这种气氛中,怎能不奋发向上?"大学精神潜移默化的影响,将使我们更深刻地体会生命的尊严和人生的价值。

1.2 从高中到大学的角色转换

相比于高中阶段,大学阶段时间相对自主可控,发展和选择更加多元化,是储备知识、完善能力、成长成才的关键时期,生活环境、学习内容和方式以及个人理想、价值观、兴趣、能力都会发生变化,大学新生在角色的转变过程中易出现困惑、冲突、角色适应不良等问题。大学新生要适应大学的新环境,要努力去适应并实现以下六个转变。

1. 从被动到自觉:适应学习方式转变

高考压力下,教师管理严格、学习时间长、课业负担重是国内高中生面对的不争事实。相对于中学而言,大学学习氛围较为宽松,课程作业相对较少,学习环境由"硬"变"软",大学生具有较多可以自由支配的课余时间。概括地讲,同学们进了大学,基本上要面临学习观念的五大转变。

(1)由依赖型学习观向自由型学习观转变。依赖型学习观指的是一种学习上无自立性、无主动性,呈现被动依赖等特征的学习观。自主型学习观也称为主体型学习观,表现为自觉地、能动地、有目的地从事学习活动,自觉而有目的地学习、个性化地学习、创造性地学习等。

(2)由知识型学习观向智力-能力型学习观进而向人格型学习观转变。知识型学习观是一种重知识、轻能力,重理论、轻实践的传统学习观。智力-能力型学习观强调既重学习者能力的提高和智力的开发,又重学习者职业适应能力与职业发展能力的提高,它满足了现代社会能力本位人才观对学习所提出的要求。人格型学习观不仅重视知识与能力的相互促进和共同提高,更重视受教育者人格的健全发展,它要求"千学万学,学做真人"。

(3)由封闭型学习观向开放型学习观转变。封闭型学习观是一系列"以课堂为中心、以课本为中心、以教师为中心"的学习观的总称。开放型学习观则是与之相对立的一种面向社会、面向生活,多层次全方位开放的学习观。

(4)由学会型学习观向会学型学习观转变。学会型学习观是一种"教什么学什么,学什么会什么"的观念,它用"学懂""学会"来回答学习上"学得如何"的问题,往往突出了实用,而忽视了创新。会学型学习观不仅包括"学懂""学会",而且用"懂学""会学"来回答学习上"如何学"的问题。古人说:"授人以鱼不如授人以渔",说的就是要学会学习,要讲究学习的方法,要善于学习。

(5)由传承型学习观向创造型学习观转变。传承型学习观表现为重视学习在继承人类文化成果、传递生活经验方面的独特作用,但却忽视了学习者在学习过程中的探索、发现和创造,即创造性的培养。创造型学习观是从适应与发展两大任务出发,既强调继承与适应,又强调创造与发展。

2. 从依赖到独立：适应生活方式转变

高中阶段大部分学生的学习生活由老师安排，日常生活由家长照顾，中学生的主要任务就是努力学习，迎接高考。进入大学之后，大学生开始住校生活，脱离了父母的管教和约束，学习实践、衣食住行、娱乐活动都需要自己安排。大学生应积极适应从依赖他人到独立处事的转折期，培养自主、自立、自律的品质，安排自己的学习生活，面对挫折、困难，树立信心，保持沉着冷静，积极寻求解决问题的办法，不断增强自己独立处事的能力。

3. 从感性到理性：适应思维方式转变

与中学相比，大学的生活更加丰富，活动空间大，学习任务繁重，需要独立解决的问题多。面对这些变化，大学生的思维方式要完成由感性向理性的转变。在思考处理问题时，要有远见卓识，不要目光短浅；要三思而后行，不要随心所欲；要理性、睿智，不要感情用事；要考虑到行为的后果，不做鲁莽草率之事。

4. 从应试到素质：适应奋斗目标转变

经过紧张的高考，一些大学生在进入学校后，学习兴趣淡薄，动力不足，生活茫然，甚至产生了"60分万岁"的不良心态。其根本原因在于失去了人生的奋斗目标，在他们眼里，上大学的目的就是拿到毕业证，找个好工作。大学生是国家的栋梁，应努力成为既具有科学技术知识，又富有人文社会观念的新型人才。每一位大学生都应认识到，大学只是人生的一个新起点，应端正心态，振奋精神，以崭新的姿态站到新的起跑线上；应做好人生规划，利用大学时间在知识能力、思想道德、心理素质等各方面综合提高，为实现自己的人生价值而不懈努力。

5. 从旧友到新朋：适应交往方式转变

在中学，努力学习、考上大学是学生最主要的任务，也是学校的工作重心和家长的期望所在。因此，学生的全部精力都用在了学习上，这一阶段的人际交往对象主要是家长、老师和同学，人际交往相对简单。在大学，学生来自全国各地，人际交往的目的和范围也有了很大变化，人际关系更加复杂。

良好的人际关系是拓展大学生的生存发展空间、促进大学生成长成才必不可少的重要因素。为此，大学生首先要主动交往，做到相互了解，相互适应，在渴望别人接受自己的同时，善于接受他人；其次，同学间要相互尊重理解、相互关心，律己严待人宽，要有合作意识和团队精神，同学间大事讲原则，小事讲风格，不要斤斤计较，要多做自我批评；第三，交往要坚持与人为善的原则，既要培养竞争意识，又要注意人际关系的和谐，善于理解和宽容别人，掌握交往之道。

6. 从理想到实际：适应责任意识转变

"天下兴亡，匹夫有责。"责任是什么？歌德说："责任是一种耐心细致的行动，是一种把你应该做好的日常工作做到最好的充满激情的行动。"责任并不是遥不可及的，相反却时刻存在于我们身边，认真对待每一项工作，尽力做好每一件事,给他人以力所能及的帮助,等等,都是我们的责任。

受我国传统教育机制和社会因素的影响,新一代的大学生,从小到大,备受家庭与学校的呵护,在很多方面还不成熟,社会责任感较为薄弱,即便有也往往是理想化的。目前,对大学生而言,最重要的责任就是学会学习、学会做人。掌握好专业知识技能是立足社会的基本能力要求;而学会与人相处,承担起自己对社会、对他人的责任,是自身发展以及被他人、社会所认可与尊重的基础。

1.3 从生涯到职业生涯规划

1. 什么是生涯

"生涯"一词的英文是 career,指两轮马车,引申为道路,也就是人生的发展道路。从中文理解,"生",即"活着";"涯",即"边界"。从广义上理解,"生",自然是与一个人的生命相联系;"涯",则有边际的含义,生涯即指人生经历、生活道路和职业、专业、事业。

生涯发展大师舒伯(Super)认为:生涯是生活里各种事态的演进方向和历程,它统合了人一生中的各种职业和生活角色,由此表现出个人独特的自我发展形态。

生涯不是一个静止的点,而是一个动态的过程,不是发生在人生的某个阶段,而是常伴随着冒险或对个人的挑战,如影随形,相伴人的一生,生涯的发展是个性化的发展,每个人都会有属于自己的生涯。

2. 什么是职业生涯

职业生涯就是人一生中与其职业相关的活动与经验(狭义概念,霍尔的观点)。它是指从入职到退休,人一生中所有与职业相联系的行为与活动,以及相关的态度、价值观、愿望等连续性经历的过程,也是人一生中职业、职位的变迁及工作、理想的实现过程。

舒伯将职业生涯定义为:生活中各种事件的演进与历程,统合了个人一生中各种职业与生活的角色,由此表现出个人独特的自我发展组型。这是职业生涯的广义概念。

职业生涯的狭义概念认为,职业生涯仅指从任职前的职业学习和培训开始至退休结束这段与职业相关的过程。而其广义概念,在时间和范围上与生涯的概念等同,不同的是它更多考虑了职业在生活中的重要性。但无论哪种概念,都淡化了职业作为谋生手段的作用,而指向个人生命的意义。在这里,职业更是实现个人价值、追求理想生活的重要途径。

3. 什么是职业生涯规划

职业生涯规划简称生涯规划,又叫职业生涯设计或职业发展规划,是指结合自身条件和现实环境,确立自己的职业目标,选择职业道路,制订相应的培训、教育和工作计划,并按照职业生涯发展的阶段实施具体行动以达到目标的过程。它是个人与组织相结合,在对一个人职业生涯的主客观条件进行测定、分析、总结的基础上,对自己的兴趣、爱好、能力、特点进行综合分析与权衡,结合时代特点,根据自己的职业倾向,确定其最佳的职业奋斗目标,并为实现这一目标做出行之有效的安排。可见,职业生涯规划是个人对其一生中所有与职业相关的活动与任务的计划或预期性安排。

职业生涯与职业生涯规划的区别在于:职业生涯是客观存在的,不论你一生的职业道路怎样走过,你都必然留下一个现实存在的职业生涯图景,这个职业生涯图景是由你一生所扮演的各种职业角色以及相关的一切所组成的,不论你是小职员、普通工人,还是专家、社会精英,人人都有自己的职业生涯,职业生涯(职业发展)是人们留在时间长河中的客观印记。

职业生涯规划则是在自我主观控制和努力下的职业生涯,它体现了职业生涯的主动性,它是在自我意识和努力下所描绘的职业生涯图景,它促使你的职业生涯更有目的性,它让你的人生每一步都效益最大化,它激励你不断挑战自我,以实现自己的人生理想,最终享有充实而幸福的人生。

4. 什么是生涯成熟

生涯成熟指一个人对自我的生涯信息、生涯规划、生涯决策的有效把握。它由信息、规划、决策三个维度组成,三者之间不断循环,形成一个动态的变化过程(岳晓东,2008),如图1.1所示。

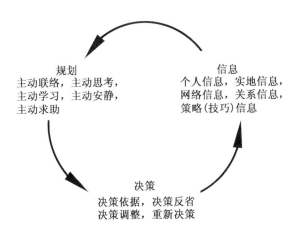

图1.1 生涯成熟三维循环图

1.4 舒伯生涯发展理论

舒伯的生涯发展理论将生涯视为一个持续渐进的过程,伴随人的一生。彩虹的外围显示人生主要的发展阶段和大致估算的年龄:包括成长期(0~14岁)、探索期(15~24岁)、建立期(25~44岁)、维持期(45~65岁)和衰退期(65岁以上),如图1.2所示。

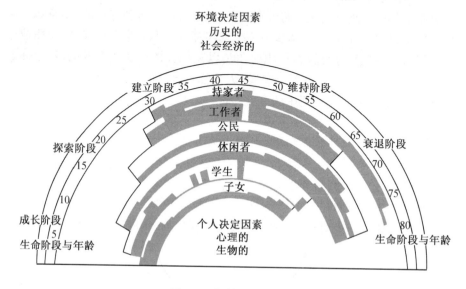

图 1.2 舒伯生涯彩虹图

从成长、探索、建立、维持到衰退,这一连串纵贯式的生命全期发展,标记着一个人生涯成熟的程度。舒伯认为人在一生中要扮演9种主要角色:子女、学生、休闲者、公民、工作者、夫妻、家长、父母、退休者。在某一个角色上的成功,可能带动其他角色的成功,反之亦然。不过,为了某个角色的成功付出太大的代价,也有可能导致其他角色的失败。

彩虹图中每个弧形代表人生中的某个角色,角色的消长盛衰即图中彩虹弧形的宽度,受个人在各个角色上所花时间和情绪涉入的程度左右。投入的精神越多,弧形越宽,该角色越重要,因此每个阶段均有突显的角色组合出现。例如,成长阶段,子女角色突显;探索阶段,学生角色突显;建立阶段,工作者角色突显。在每个年龄阶段突显的角色组合不同,反映了一个人当时的价值观。

大学生的生涯发展阶段属于探索期,这个阶段主要的生涯发展任务是从多种实践机会中探索自我,逐渐确定职业偏好,并在所选定的领域中起步,为下一阶段的职业角色做准备。

1.5 生涯规划的内容与步骤

具体而言,一个系统的生涯规划应当包括觉知与承诺、认识自己、认识工作世界、决策、行动和再评估/成长六个步骤,如图1.3所示。

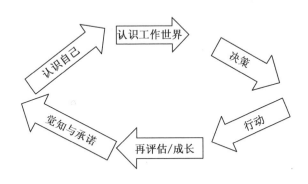

图1.3 生涯规划步骤图

1. 觉知与承诺(本书大一上篇)

在这个阶段,你需要了解到生涯规划的重要性和作用,并愿意花时间来规划自己的生涯。但也要提醒自己:生涯规划是一个过程,是一种面对生涯发展的态度,它未必能立竿见影,马上为自己带来理想的工作。所以,对生涯规划要有合理的预期。

2. 认识自己(本书大一下篇)

系统化的生涯规划是一个"从内而外"的过程。因此,在生涯规划时,首先要认识自己,诚实地自问:我的兴趣是什么?我有哪些性格特质?我有哪些优势技能?哪些东西是我最看重的?我所学的专业的具体内容与未来就业前景如何?

3. 认识工作世界(本书大二上篇)

工作世界信息和自我信息是生涯规划中重要和基础的部分,对工作世界的了解具体包括:行业发展趋势,企业与组织的相关信息,不同的职能岗位对工作者的能力素质要求、条件及待遇,我的家族成员的职业分布以及对我产生的影响,专业与职业的关系,个人职业方向分析,等等。

4. 决策(本书大三下篇)

决策是综合整理和评估信息的部分,在决策时有可能因信息不全而重新回到前面两个步骤,具体内容包括:综合与评估信息、目标设立与计划;处理决策过程中的各种问题,如生涯信念、障碍等。

5. 行动(本书大四上篇)

行动是将全部的探索和思考落实的阶段。学生要通过行动来实现自己设立的目标,通常包括:升学准备、出国准备、具体的求职过程、制作简历、面试等。

在与现实的接触过程中,你也有可能对自己有新的发现,由此对生涯发展有新的思考。所以,虽然我们为了方便学习,将生涯规划人为地割裂成不同的步骤,但无论在哪个步骤,自我与外部信息的探索都不会停止,不要忽略这些部分带给你的新启示。

6. 再评估/成长(本书大四下篇)

当学生在实践中迈出生涯的重要一步——进入工作世界时,随着外部环境的变化,他们或许会继续沿着过去的规划前进,也有可能发现过去的规划已不适合自己,或者发现过去的规划并不尽如人意。这就需要再次进行生涯探索,修正生涯规划。所以说,生涯规划是一个循环的过程,需要一辈子来探索。本部分具体内容包括:角色转变、走进职场、管理生涯规划等。

1.6　常见的生涯规划误区

1. 只有一个最适合自己的职业

有些人总认为只有一个职业最适合自己,他们要找到世界上最适合自己的那个职业,而总觉得现在这个职业不适合自己。这实际上是不合理的想法。其实,人们都具有多方面的能力,能够做许多事情,可以适应多种职业的要求。人的这种特性被称为职业选择中的弹性。有些人弹性大,适应面很广;而有些人弹性较小,适应面较窄。

2. 选择之后不能回头

有些人在做选择时压力很大,抱着"这个选择将决定我的终生"的想法,所以迟迟不敢做决定。选择之后就真的不能回头吗?不是的。选择是有弹性的,我们往往有多条通往罗马的大道,如果尝试某条道路行不通,可以走其他的道路。实际上,许多人在职业发展的过程中都经历了多次的选择。何况随着自身以及环境的变化,许多旧的选择可能无法实现,这时候必须回过头来重新进行选择。

3. 船到桥头自然直

有些人认为,不知道自己的兴趣又何妨,船到桥头自然直,现在没什么好担心的。他们并没有充分认识到兴趣对于个人发展的意义。如果一个人能及早地探索自我,了解自己的特长和兴趣,就能在生涯发展中及早开发自我的潜能,并为自己的特长和潜能找到适当的位置,使之得到最有效的发挥,也使个人获得满足感;及早发现自己的兴趣,还可以避免择业中的盲目或者错误的决定。

有些人还认为,现在不知道自己的兴趣,所以不做决定,也许将来会做出更好的决定。这是一种逃避决定的做法,也是不可取的。人不是天生就会选择的。一个成熟而恰当的决定需要智慧,而智慧是靠生活经验的积累得来的,其中可能包括无数次的尝试与错误。若是对于做决定总是逃避,没有尝试着从过程中去更了解自己与环境,是永远不可能做好一个决定的。

4. 计划赶不上变化,所以无须计划

有人认为这个世界变得太快了,"计划未来"没有意义也不大可能。其实,我们计划未来并不意味着要分分秒秒掌握未来,不是要把未来所有事情都确定下来,那也的确是不可能的。个体与社会都在不断地变化,计划的目的在于掌握二者变化的规律,把握个体在不同的时间、不同的状况下如何满足自己的需求。诚然,再周密的规划也抵挡不住茫然不可知的未来,但若没有事先的规划,我们更易在变化中迷失方向,或者盲从,或者失措,自我得不到满足与实现。计划也是可以变化的,若因故没有照着既定的规划去做,也无须惊慌,因为这并不意味着计划的失败,只是需要对计划进行调整,或者制订一个新的计划去适应改变。

5. 人必须百分之百地控制自己的生涯方向

许多同学面对问题迟迟无法做出决定,是因为他要求能完全控制未来。如果不能百分之百控制未来的话,他便觉得不够安全,于是不愿意做决定,而且往往希望最好能透视未来,希望有个绝对权威告诉自己所做的决定是错是对。面对不可知的未来而产生不安全感和焦虑是完全可以理解的,但是若以为只有百分之百控制未来才是安全的,则大错特错,那是害怕挫折的表现。任何人都无法百分之百控制未来。生活总是有冒险的成分,正是这种冒险的成分使生活更富变化,更为精彩。我们要尽可能地探索自我和外在环境,使自己在面临新环境时有一定的准备,而不至于因为环境的改变而不知所措。

1.7 设立目标的指导原则

本书涵盖了大学生涯的八个学期,每个学期均包含行动篇,这是为了促进学生能够养成分解目标、制订计划、落实行动、反馈调整的习惯,正如史蒂夫·乔布斯所言:"自由从何而来,从自信来,而自信则从自律来,要学会克制自己,用严格的日程表控制生活,这样才能在这种自律中不断磨炼出自信。"对于目标设立,我们需要遵循 SMART 原则。

1. 明确(Specific)

不要用含糊笼统的语言,比如,不要说"我的目标是更好地利用时间",应该说"我一天只能花不超过一个小时的时间来看电视",或"我每周要花两个小时的时间来上网查找有关会计师这一职业的资料"。

2. 可量化的(Measurable)

将目标量化后,你才有一个可以衡量成功或者失败的标准,从而可以准确地评价你是否达到了自己的目标。比如,"加强社会实践",应改为"在这个月内,参加一个学生社团(摄影协会),并对两位摄影师进行访谈"。

3. 可以达到但有挑战性(Achievable but challenging)

就你的能力和特点而言,实现这个目标是现实的、可能的但又有一定难度。比如说,如果你目前只是一个大四学生并且没有什么相关的工作经验,却计划在两年之内就成为大公司的中层经理,这个目标也许就不那么可行;但如果你计划十年之内做到中层经理的位置,那又缺乏挑战性,你可能不太有激情去实现这个目标了。

4. 目标有意义、有价值,并有奖惩的措施(Rewarding)

实现这个目标能带给你成就感、愉快感;反之,则会使你有所损失。比如说,如果你没有按计划在一个月内完成对两位摄影师的访谈,那么你就不能在"十一"时外出旅游,而要利用七天的假期完成访谈的任务。

5. 有明确的时间限制(Time-bounded)

不能将目标笼统地定为"在大学毕业前完成",而要有计划分步骤地在限定的时间内完成。以一周、一个月或一学期为单位设立目标,会比将事情都堆到毕业前完成要有效得多。

在 SMART 的这几条标准之外,还有一条原则对于目标设立来说是非常重要的,那就是可控性。可控性主要是指你对影响到目标实现的因素具有相当的控制能力,比如"我的目标是在 ABC 公司获得一份工作",这种表述方式就违反了可控性的原则。因为你能否获得这份工作并不取决于你自己,你有被拒绝的可能。但如果你将目标换成"在下周三之前向 ABC 公司申请一个职位",就是可行的,因为你能控制相关的因素。目标的可控性原则表明:你必须为自己的目标负责,而不能指望他人来实现一切。当你确实需要他人的帮助时,你可以向他们表达,争取他们的合作,但同时对你的期望不能看得太重,必须做好被拒绝的准备。确切地说,你能够控制的只有你自己,因此你的目标也必须完全地"属于"你。

采用上述原则设立目标的好处是:它使你所制订的目标与计划有实现的可能,并且可以帮助你在一段时间之后回顾总结自己所取得的进步与不足,明确自己该干什么以及干得怎么样。

1.8 习惯养成训练之 21 天法则

21 天法则,也被称之为习惯培养法,就是锁定一个目标,坚持 21 天,然后形成有利于实现这个目标的一些习惯。

通常情况下,习惯的形成可以分为三个阶段。

第一阶段:1~7 天,这个阶段你必须时常提醒自己注意改变,并刻意要求自己。因为一不留神,你的坏情绪、坏毛病就会浮出水面,让你又回到从前。你在

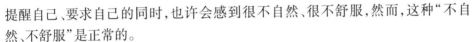

提醒自己、要求自己的同时,也许会感到很不自然、很不舒服,然而,这种"不自然、不舒服"是正常的。

第二阶段:8~21天,经过一周的刻意要求,你已经觉得比较自然、比较舒服了,但你不可大意,一不留神,你的坏情绪、坏毛病还会再来破坏你,让你回到从前。所以,你还要刻意提醒自己,要求自己。

第三阶段:22~90天,这一阶段是习惯的稳定期,它会使新习惯成为你生命的一部分。在这个阶段,你已经不必刻意要求自己,它已经像你抬手看表一样的自然了。

一个习惯的形成或许用不到21天,当然,也可能是37天或是90天,但最重要的还是要有坚持下去的信心,只有坚持不懈地努力,你的目标才能得以实现。

小贴士:

①如果你是习惯做长期规划的人,可以结合固定原则来使用"21天法则"。通过习惯的养成来实现一些目标,在有效的时间里尽可能实现如愿以偿的幸福目标。

②如何应对疲怠期。这个时候你需要借助小伙伴们的外力,推动你跨过这个关键点。知道自己的有效周期,就要刻意将自己的大目标按照有效期去划分成小目标,并在其中的疲怠期借助小伙伴的力量,在他人的监督下顺利度过疲怠期。

2 大一下

天生我材必有用

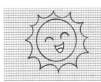 认 知 篇

你生命中最重要的两个日子,一个是你出生的日子,一个是你知道你为什么出生的日子。

——马克·吐温

生涯适应力测评

大量研究发现,生涯适应力强的个体会用积极的态度去处理职业生涯发展中的问题。即使身处困境且看不到转机,个体也会去探测其他的机会和可能,预测变化并提前做好心理准备,最终通过自己一步步的努力去设置和实现目标。通常,生涯适应力强的人,具备以下四个特点:①充满希望感和计划性;②具有责任感和自我管理能力;③具有冒险精神,能够积极探索;④信心十足。

下面是关于生涯适应力的一系列问题,左侧一列的描述趋向1分,右侧一列的描述趋向10分,请你根据自己的实际情况进行评估,在下表中间一列打分。

从不认真思考自己的未来	1 2 3 4 5 6 7 8 9 10	经常认真思考自己的未来
不喜欢有所准备和计划	1 2 3 4 5 6 7 8 9 10	做任何事情都有计划
对未来充满担忧	1 2 3 4 5 6 7 8 9 10	对未来充满希望
缺乏危机意识	1 2 3 4 5 6 7 8 9 10	居安思危,积极规划未来
目标不明确,随波逐流	1 2 3 4 5 6 7 8 9 10	不从众,有主见
自我管理能力不强	1 2 3 4 5 6 7 8 9 10	自我管理能力强
做决定犹豫不决	1 2 3 4 5 6 7 8 9 10	做决定果断,不拖拉
过度依赖他人	1 2 3 4 5 6 7 8 9 10	能自己选择并且有所担当
不愿意尝试,缺乏探索精神	1 2 3 4 5 6 7 8 9 10	好奇心强,积极尝试和探索
不了解自己	1 2 3 4 5 6 7 8 9 10	知道自己要什么,要怎么做
没有勇气面对现实	1 2 3 4 5 6 7 8 9 10	了解情况,多方面发展自我
专注考试,不关注其他信息	1 2 3 4 5 6 7 8 9 10	善于搜集信息,拓展知识面
不自信,易放弃和自我怀疑	1 2 3 4 5 6 7 8 9 10	能肯定自己,相信自己的能力
没有勇气面对遇到的困难	1 2 3 4 5 6 7 8 9 10	积极接纳遇到的困难挫折
没有勇气面对现实	1 2 3 4 5 6 7 8 9 10	对生活和未来有信心
觉得自己一无是处	1 2 3 4 5 6 7 8 9 10	认为自己可以解决一切问题

评分细则:各题目得分之和,即表示个人的生涯适应力指数。大体来说,总和大于96分,则表示生涯适应力良好,且得分越高,适应力越好。

职业倾向自我探索测评

职业倾向自我探索
(The Self-Directed Search, Form R, 4th Edition, 1994)
原著者/ John L. Holland, PhD.
中文译者/ 金蕾莅, PhD.
感谢张晓女士对中文翻译的校订

本测验旨在帮助你探索可能从事的职业。如果你已经考虑好了一个职业，测验的结果可能会支持你的想法或者对其他的可能性提出建议。如果你还没有确定未来的职业，本测验也可能会帮你圈定出一小部分职业以做进一步考虑。大多数人发现填答本测验既有帮助又充满乐趣。如果你仔细遵循每一页的引导，你应该拥有同样的体验。不必匆忙，仔细地完成本测验题目将有更多的收获。请用铅笔填写，以便修改。

填写日期＿＿＿＿＿＿＿＿＿＿＿＿

第一部分　我的职业梦

请列举你已经思考过的未来可能从事的职业,也列举出你曾想过的职业或者那些你与其他人讨论过的职业。尝试着思考背后的故事,将你最近思考的职业写在第一行,然后用倒叙的方式,由近及远,把考虑过的工作依次写在横线上。

职业
1. _____
2. _____
3. _____
4. _____
5. _____
6. _____
7. _____
8. _____

第二部分　活动

下面列举了各种活动,请就这些活动判断你的偏好。L代表"喜欢",D代表"不喜欢"或者"无所谓"。请在相应的○里打√。

R	L	D
修理或组装电子产品	○	○
修理自行车	○	○
修理或组装机械产品	○	○
用木头做东西	○	○
参加技术教育或手工制作课程	○	○
参加机械制图课程	○	○
参加木工技术课程	○	○
参加自动化机械课程	○	○
与杰出的机械师或者技术人员一起工作	○	○
在室外工作	○	○
操作自动化机器或者设备	○	○
R类L的总数	(	)

I	L	D
阅读科学书籍和杂志	○	○
在研究室或实验室工作	○	○
从事一项科学项目	○	○
研究一个科学理论	○	○
从事与化工品有关的工作	○	○
应用数学解决实际问题	○	○
上物理课	○	○
上化学课	○	○
上数学课	○	○
上生物课	○	○
研究学术或者技术问题	○	○
I类L的总数	(	)

A	L	D
素描／制图／绘画	○	○
设计家具、服装或者海报	○	○

	L	D
在乐队/管弦乐队/其他团体中演奏	○	○
练习乐器	○	○
创造肖像或者拍照	○	○
写小说或者戏剧	○	○
上艺术课	○	○
编曲或者谱曲（不限曲种）	○	○
与有天赋的艺术家、作家或者雕塑家一起工作	○	○
为他人表演（跳舞、唱歌、小品等）	○	○
阅读艺术、文学或者音乐类文章	○	○
A 类 L 的总数	（	）

S

	L	D
会见重要的教育家或者咨询师	○	○
阅读社会学文章和书籍	○	○
为慈善团体工作	○	○
帮助他人解决他们的个人问题	○	○
研究青少年的犯罪问题	○	○
阅读心理学文章或者书籍	○	○
上人类关系课程	○	○
在高中教书	○	○
照看有精神疾病的人	○	○
给成年人讲课	○	○
从事志愿者的工作	○	○
S 类 L 的总数	（	）

E

	L	D
学习商业成功的策略	○	○
创业	○	○
参加销售会议	○	○
参加行政管理或领导力的短期课程	○	○
担任任何组织的负责人	○	○
监督管理其他人的工作	○	○
会晤重要的执行长官或者领导	○	○
领导一个团队实现某个目标	○	○
参加政治竞选	○	○
担任某一组织或者企业的顾问	○	○
阅读商业杂志或文章	○	○
E 类 L 的总数	（	）

C	L	D
填写收入报税表	○	○
在交易或记账时进行加、减、乘、除的计算	○	○
使用办公设备	○	○
坚持做详细的开支记录	○	○
建立记录系统(如记录钱、人员、原材料等)	○	○
上会计课	○	○
上商业数学课	○	○
建立生活用品或商品的清单	○	○
检查文案或者产品中的错误或瑕疵	○	○
更新记录或文档	○	○
在办公室内工作	○	○
C 类 L 的总数	(	)

第三部分　能力

Y 代表你完全能做或者能做得很好的活动，N 代表你从来没做过，或者做得很差的活动。请在相应的○里打√。

R	Y	N
我能使用电锯、车床或磨砂机等木工工具	○	○
我能画有比例要求的图纸	○	○
我能给汽车加油或者换轮胎	○	○
我能使用电钻、磨床或缝纫机等电动工具	○	○
我能给家具或木制品刷漆	○	○
我能修理简单的电器用品	○	○
我能修理家具	○	○
我能使用很多手工工具	○	○
我能简单地修理水管	○	○
我能制造简单的木工作品	○	○
我能粉刷房间	○	○
R 类 Y 的总数	（	）

I	Y	N
我能使用代数解决数学问题	○	○
我能执行一项科学实验或者调查	○	○
我明白放射性元素的半衰期	○	○
我能使用对数表	○	○
我能使用计算机研究一个科学问题	○	○
我能描述白细胞的功能	○	○
我能解释简单的化学方程式	○	○
我明白为什么人造卫星不会坠落到地球上	○	○
我能写一篇科学报告	○	○
我明白宇宙大爆炸理论	○	○
我明白 DNA 在遗传中的作用	○	○
I 类 Y 的总数	（	）

A	Y	N
我能演奏乐器	○	○
我能参加二部或四部合唱	○	○

2 大一下 天生我材必有用

	Y	N
我能独唱	○	○
我能演戏	○	○
我能朗诵	○	○
我能画画（油画或水彩）或雕塑	○	○
我能创作或者编曲	○	○
我能设计衣服、海报或者家具	○	○
我会写很不错的故事或诗	○	○
我能写一篇演讲稿	○	○
我能拍摄很吸引人的照片	○	○

A类Y的总数（　　）

S

	Y	N
我发现与不同类型的人交谈很容易	○	○
我擅长向其他人解释或说明一些事情	○	○
我能做一个有亲和力的组织者	○	○
人们常向我诉说他们的困扰	○	○
我能很轻松地教小孩子	○	○
我能很轻松地教成年人	○	○
我擅长帮助感到不安或者困扰的人们	○	○
我对社会关系有很好的理解	○	○
我擅长教别人	○	○
我擅长使别人感到轻松	○	○
相比物和观念，我更擅长与人打交道	○	○

S类Y的总数（　　）

E

	Y	N
我知道如何成为一个成功的领导	○	○
我是一个优秀的公共演说者	○	○
我能组织某个销售活动	○	○
我能组织其他人的工作	○	○
我是一个有抱负而且意志坚定的人	○	○
我擅长让别人按照我的方式做事	○	○
我有很好的推销能力	○	○
我有很强的辩论能力	○	○
我非常有说服力	○	○
我有很不错的规划技能	○	○
我具有某些领导力	○	○

E类Y的总数（　　）

C	Y	N
我能将函件或其他文件分门别类管理	○	○
我能从事办公室工作	○	○
我能使用自动化的办公设备(如打印机、复印机、计算机等)	○	○
我能很快地完成大量的文案工作	○	○
我能使用简单的数据处理设备	○	○
我能进行收支记录	○	○
我能准确地记录付款和销售额	○	○
我能使用计算机输入信息	○	○
我能撰写商业信函	○	○
我能完成一些常规的办公室工作	○	○
我是一个细心而且有条理的人	○	○

C 类 Y 的总数 （   ）

第四部分　职业

这是你关于很多工作态度和情感的清单。如果某个职业你很感兴趣或者很受吸引,则在相应的 Y 下面的○上画√;如果你不喜欢或者没兴趣,则在 N 下面的○上画√。

R	Y	N
飞机机械师	○	○
汽车机械师	○	○
木工技师	○	○
汽车司机	○	○
测量工程师	○	○
建筑工地现场监理员	○	○
无线电机械师	○	○
交通机车(如火车)工程师	○	○
机械技术员	○	○
电器技术员	○	○
农业技术员	○	○
飞机驾驶员	○	○
电子技术员	○	○
焊接技术员	○	○
R 类 Y 的总数	(	)

I	Y	N
气象学科研人员	○	○
生物学科研人员	○	○
天文学科研人员	○	○
医学科研人员	○	○
人类学科研人员	○	○
化学科研人员	○	○
独立的研究科学家	○	○
科学书籍的作家	○	○
地质学科研人员	○	○
植物学科研人员	○	○
科研技术员	○	○

		Y	N
物理学科研人员		○	○
社会科学研究人员		○	○
环境分析学者		○	○
	I 类 Y 的总数	(	)

A		Y	N
诗人		○	○
音乐家		○	○
小说家		○	○
演员		○	○
自由职业作家		○	○
编曲家		○	○
新闻学家／记者		○	○
艺术家		○	○
歌唱家		○	○
作曲家		○	○
雕刻家		○	○
剧作家		○	○
漫画家		○	○
娱乐节目的艺人		○	○
	A 类 Y 的总数	(	)

S		Y	N
职业咨询师		○	○
社会学者		○	○
高中教师		○	○
物质依赖(如对酒精、药物等依赖)治疗师		○	○
青少年犯罪专家		○	○
语言治疗师		○	○
婚姻咨询师		○	○
临床心理学家		○	○
人文社会课教师		○	○
私人咨询师		○	○
青少年野营主管		○	○
社会工作者		○	○
残障人康复咨询师		○	○
儿童乐园主管		○	○
	S 类 Y 的总数	(	)

E		Y	N
采购员		○	○
广告宣传主管		○	○
工厂管理者		○	○
商业贸易主管		○	○
晚会或仪式主持人		○	○
销售人员		○	○
房地产销售员		○	○
百货商场经理		○	○
销售经理		○	○
公共关系主管		○	○
电视台经理		○	○
小企业主		○	○
法官		○	○
机场经理		○	○
	E 类 Y 的总数	（	）

C		Y	N
账目记录员		○	○
预算规划员		○	○
注册会计师		○	○
金融信用调查员		○	○
银行出纳员		○	○
税务专家		○	○
物品管理员		○	○
计算机操作员		○	○
金融分析员		○	○
成本估算员		○	○
工资结算员		○	○
银行督察员		○	○
会计职员		○	○
审计职员		○	○
	C 类 Y 的总数	（	）

第五部分 自我评估

下面列出6种能力,请与自己的同龄人比较一下,对自己的实际情况进行评估。在最适合自己的等级数字上画圈,尽量避免对每项能力的打分相同。

自我评估(1)

	机械操作能力	科学研究能力	艺术创作能力	教授讲解能力	商业推销能力	事务管理能力
高	7	7	7	7	7	7
	6	6	6	6	6	6
	5	5	5	5	5	5
中	4	4	4	4	4	4
	3	3	3	3	3	3
	2	2	2	2	2	2
低	1	1	1	1	1	1
	R	I	A	S	E	C

自我评估(2)

	动手能力	数学能力	音乐能力	理解他人能力	管理能力	行政能力
高	7	7	7	7	7	7
	6	6	6	6	6	6
	5	5	5	5	5	5
中	4	4	4	4	4	4
	3	3	3	3	3	3
	2	2	2	2	2	2
低	1	1	1	1	1	1
	R	I	A	S	E	C

组织你的填答

将活动、能力、职业和自我评估各个分项中6个领域(R,I,A,S,E,C)中的L的总数和Y的总数分别填在如下对应的横线上。

活动 ____ ____ ____ ____ ____ ____
   R I A S E C

能力 ____ ____ ____ ____ ____ ____
   R I A S E C

职业 ____ ____ ____ ____ ____ ____
   R I A S E C

自我评估（1） ___ ___ ___ ___ ___ ___
              R   I   A   S   E   C

自我评估（2） ___ ___ ___ ___ ___ ___
              R   I   A   S   E   C

综合得分自我评估（1） ___ ___ ___ ___ ___ ___
（将各项纵向相加）   R   I   A   S   E   C

　　　　　　　　　　第一位　　　第二位　　　第三位

综合职业码（从综合得分
中选出三个得分高的，由
高到低排列，记入字母）

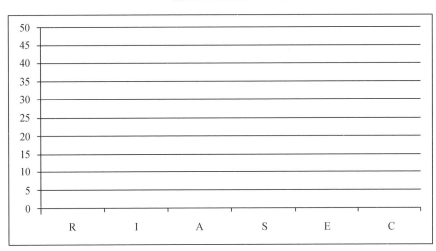

MBTI 性格密码

理论背景

MBTI(Myers-Briggs Type Indicator)的理论来源于瑞典心理学家荣格有关知觉、判断和人格态度的观点,由布莱格斯和他的女儿迈尔斯研究发展成为心理测评工具,因此称为Myers-Briggs Type Indicator。MBTI用四维度偏好二分法来评估一个人的类型偏好,这些偏好并无优劣之分,却形成了人与人之间的不同,每个维度偏好二分法均由两极组成,但并不代表一个人在每个维度上只能有一种偏好,测评结果的类型所指并不是"非此即彼",而是"主要"表现。

能量倾向

能量倾向:描述了人与外界的互动方式,分为外倾型和内倾型	
外倾型:Extroversion(E)	内倾型:Introversion(I)
外倾型的人通常比较关注外界,以行动为导向	内倾型的人性格内敛,喜欢思考
倾向:注意力集中于外部环境,通过与外界的互动来处理信息;不喜欢复杂的程序,难以长时间专注于一件事,尤其在需要独立完成的时候;与他人合作分享、讨论和处理信息时的学习和工作效率最佳;在处理事情的时候,喜欢提出问题引发讨论;实际行动或公开讨论是认知和了解外部环境的最佳途径	倾向:沉浸于自我内心世界,通过思考吸收和消化外部信息;喜欢安静的工作环境,长时间专注于一项工作;在有充足的时间自己去了解和处理相关信息时的学习和工作效率最佳;三思而行,对于要求立即回应或行动感觉别扭;不轻易向外界展示自己的才能和力量,因此其能量经常被低估

E外倾 ←─────────────→ I内倾

请在上方标尺上判断你的偏好,你偏向于:_____

接受信息倾向

接受信息倾向:不同人获取信息的方式,分为感觉型和直觉型	
感觉型:Sensing(S)	直觉型:Intuition(N)
感觉型的人通常关注事实和数据	直觉型的人关注抽象的模型或者概念
倾向:在通晓全局之前,了解具体的事实和细节;关注事实本身多于事实背后的含义;喜欢清晰的信息资料和工作任务;有规律、固定的工作节奏;对于那些复杂的、与不可知的未来相关并且需要花费大量时间去完成的工作,往往会失去必要的耐心或感到沮丧;喜欢需要运用实感能力的工作	倾向:热衷于了解事实背后的含义,以及局部事实如何组合在一起形成整体;更多地关注事实背后的隐喻、可能性及其中的关联;对琐碎的细节缺乏耐心,更喜欢了解宏观大局;喜欢学习新知识、掌握新技巧、钻研问题,对于缺乏新意、常规的事情容易感到沉闷;在工作和学习中,经常从一个主意或工作任务转到另外一个主意或工作上去;表现出突如其来的冲劲的可能性多于表现出持久的耐力

S感觉 ←—————————→ N直觉

请在上方标尺上判断你的偏好,你偏向于:_____

处理信息倾向

处理信息倾向:不同人处理信息及决策的方式,分为思考型和情感型	
思考型:Thinking(T)	情感型:Feeling(F)
思考型的人通过逻辑分析得出合理的结果和决定	情感型的人更多考虑个人价值观以及决定对于他人的影响
倾向:强调逻辑分析;擅长分析客观数据及探求事情之间的因果关系;对于任何想法、观点和信息都会从正反两面衡量,不失偏颇;在解决问题或决策的时候,牵涉个人情感或者感受的部分,如果以事实或者数据的方式呈现,他们将能够更好地理解;喜欢冷静客观的交流方式	倾向:关注事情对于他人的影响,而不是事情或想法本身;受到别人的激励或在相互支持和鼓励的工作环境中表现优异;认为工作氛围与工作本身同等重要;决策时基于主观判断,擅长了解他人的价值观和需要;觉得客观的逻辑分析过于苛刻,如果别人这样要求他,他会感觉是在批评自己

T思考 ←————————→ F情感

请在上方标尺上判断你的偏好,你偏向于:_____

行动方式倾向

行动方式倾向:描述了不同人安排时间和生活的方式,分为判断型和知觉型	
判断型:Judging(J)	知觉型:Perceiving(P)
判断型的人有决断力,喜欢掌控,安排井然有序	知觉型的人随时抱有开放的态度,个性灵活,喜欢即兴而为
倾向:尽可能地做出决定以求了解一件事情;富有计划性,有条理;对于如例行公事或者框架严谨的事物或环境抱有宽容态度;喜欢职责明确、期望清晰的工作角色和任务;对变化及模糊不清的东西感到不自在;完结一项任务,才开始下一项任务;富有组织性,井井有条	倾向:推迟决定,以便收集更多信息;灵活应变,直至事情拖延到最后一刻才完结,不喜欢事先计划或安排时间;享受启动项目或者任务的成就感,但不愿意跟进;灵活应变,随机而动;对于条条框框、琐碎及需要做出结论的事情颇为不耐烦;沉迷于发掘和寻找新的信息,乐意接受变化

J判断 ←————————→ P知觉

请在上方标尺上判断你的偏好,你偏向于:_____

2 大一下 天生我材必有用

 技能挖掘与评估

请回忆一下至今为止你做得最成功的三件事,学习、生活中都可以,只要是你认为做得比较好的就可以列出来,一定要尽可能多地写出详细的内容,例如事件的经过,你在其中具体做了什么,体现出了你的哪些优势。

我最成功的事情	
事件一：	时间地点：
事件经过：	
成功之处及他人反馈：	
自我优势技能挖掘：	

我最成功的事情	
事件二：	时间地点：
事件经过：	
成功之处及他人反馈：	
自我优势技能挖掘：	

我最成功的事情	
事件三：	时间地点：
事件经过：	
成功之处及他人反馈：	
自我优势技能挖掘：	

在这个过程中,请将你用到的优势技能进行分类:你用到了哪些专业知识技能? 用到了哪些可迁移技能? 用到了哪些自我管理技能?

专业知识技能	可迁移技能	自我管理技能

对照技能词汇表,接下来,你认为自己在大学期间还需要提升的技能有哪些?

专业知识技能	可迁移技能	自我管理技能

探寻职业价值观

探寻职业价值观具体表现见表1.1。

表1.1 探寻职业价值观具体表现

创新	能够提出新的观点、项目、架构或提升工作效率的方法,并有机会被采纳和实践
实用性	工作的成果是实用的,能解决生活中的实际问题
常规性	工作的日程和内容是确定的、可预见的、相对稳定的
身体挑战	工作与身体力量、速度和灵敏性相关
冒险	可以尝试一些有风险的事情(比如蹦极、跑酷、风险投资)
精确性	在工作中关注细节、描述的精确性(比如审核财务报表、加工精密元器件)
艺术创造	从事各种形式的艺术创作工作(比如绘画、作曲)
美感	能不断地学习、欣赏和追求美的东西,得到美的享受
追求新意和多元化	希望能经常接触新的工作环境、新的事情以及不同的人群
竞争	在工作中,能够和别人一较高下,并获得进步(如运动员、棋手)
健康	自己的身体与心理持续稳定的健康
客观评价	工作成果的评定标准是相对客观明晰的
自我成长	工作中追求自我的完善与成长
挑战性	工作中不断掌握新的工作任务,不断有困难的任务需要解决
发挥专长	能够不断地磨炼自己的技能,熟悉自己掌握的知识,并在自己的领域拥有优异的表现
工作生活平衡	能够平衡家庭,不影响自己履行家庭责任
工作环境	能够在一个自己满意的城市、区域等社会或工作环境下工作
归属感	能够获得组织的认可,并成为组织的一员
团队合作	团队共同开展工作并实现团队目标
人际和谐	能够在自己喜欢的工作气氛中工作(比如轻松幽默的,或严肃认真的),能和同事融洽相处
利他助人	可以直接或间接地帮助他人,做有益于社会的事情
社会价值	能够为集体做贡献,保家卫国,或促进世界和平
信仰与道德	工作符合自己的精神追求与信仰
多元化企业文化	工作不影响自己的生活风格,能够按照自己喜欢的节奏与风格进行休闲、学习和工作
智慧	工作能带给我对于真理的追求
环保	做有益于自然生态环境的工作
社交活动	能和各种人交往,建立比较广泛的社会联系,甚至能和知名人物结识

续表1.1

独立自主	工作比较独立,有很大的自主性,较少受到他人和规则的限制,也不会因人为的干涉、评价而影响工作
同事关系	工作中能建立紧密、稳定的同事关系,能和志同道合的人一起工作
家人认同	能够得到父母、亲戚等家人的认同
社会认同	所从事的工作或所在的工作单位在人们心目中有较高的社会地位,从而使自己得到他人的重视与尊重
成就感	能够持续地有所成就,获得自己满意的成绩
薪酬收入	收入能够满足自己的期望,维持比较高的生活标准
人身安全	工作中身体的安全和健康不受侵害
休闲	工作能给自己一个闲暇、从容、享受的生活状态
影响力	有权决定他人的安排与工作中的一些事情,如工作内容、工作进程、政策方针、人员安排等

给你的价值观排序：

请在上述职业价值观中找出你认为最重要、次重要、次不重要和最不重要的项目,填入下表中。

最重要	
次重要	
次不重要	
最不重要	

2 大一下 天生我材必有用

 亲手打开专业之门

专业名称	
培养目标	
核心课程	
教学方法	
知识和技能	
相关专业	
本地区产业经济结构及行业发展状况	

(访问你的专业课老师、师兄、师姐,并查阅相关资料,回答以下问题)

你的专业是为了培养哪些人才,有哪些主要课程?

你的专业毕业后,可从事较为对口的职业领域是什么?

将这些职业归类,哪些技术性要求较高,哪些是非技术性的?

你的专业对应的有哪些著名的企业?该企业的主打产品是什么?

这些职业中,有你希望从事的职业吗?有的话,有哪些?假如不是你喜欢的职业,你以后打算从事哪些职业呢?

生涯评估与整合

生涯要素	指向结果	生涯整合结果
兴趣		
性格		
能力		
价值观		
专业方向		

要有生活目标,一辈子的目标,一段时期的目标,一个阶段的目标,一年的目标,一个月的目标,一个星期的目标,一天的目标,一个小时的目标,一分钟的目标。

——托尔斯泰

第 2 学期梦想清单

它们可以很抽象,也可以很具体;可以很伟大,也可以很平凡;可以很严肃,也可以很活泼。请梳理你的想法,列一张自己的学期梦想清单。

2 大一下 天生我材必有用

 第 2 学期学业规划

个人学业规划是对教学计划内课程和课外课程的学习目标进行规划。

类别	课程名称	预期目标	行动计划
公共课			
专业课			
选修课			
技能操作			
课外学习			

第 2 学期课程表

时间	星期一	星期二	星期三	星期四	星期五	星期六	星期日

第 2 学期成长规划

  大学生在大学期间要养成健康的生活习惯,培养健康的兴趣爱好,建立良好的人际关系,树立正确的爱情观,要在专业学习上积累知识,同时为下一阶段步入职场做准备,积极参加各种学生活动与社会实践,锻炼自己各方面的能力。
  学期成长规划主要从学习进修、职业发展、人际交往、个人情感、身心健康、休闲娱乐、财务管理、家庭生活、服务社会等全面发展的角度进行规划。

学习进修	职业发展	人际交往
个人情感	身心健康	休闲娱乐
财务管理	家庭生活	服务社会

第1月月计划

理想的实现是一个循序渐进的过程,它必须一步一个脚印,脚踏实地地去行动。因此,我们要学会把中长期目标分解细化成若干个小的短期目标,实施具体的行动计划和步骤,一步步靠近理想。请根据学期成长规划和学业规划在每个月第一天制订月目标和月计划。

目标	预期成效	完成时间	行动策略

2 大一下　天生我材必有用

第 1 月月记录

月　日 ~ 月　日

星期一	星期二	星期三	星期四	星期五	星期六	星期日

本月重要事项

_____

_____

本月习惯养成训练

_____

_____

第 1 周满意度 ☆☆☆☆

第 2 周满意度 ☆☆☆☆

第 3 周满意度 ☆☆☆☆

第 4 周满意度 ☆☆☆☆

第 5 周满意度 ☆☆☆☆

第1月月复盘

　　生涯发展是一个动态的过程,一些不确定的因素会使原来制订的计划与现实情况有所偏差,阶段性总结、反思、评估、修正,有助于我们及时调整生涯规划。

本月满意度评估(1~10分):＿＿＿＿＿＿＿＿＿＿

满意完成事项:＿＿

复盘没有完成的事

寻找障碍背后的深层理由

找到下个月的提升点

第2月月计划

理想的实现是一个循序渐进的过程,它必须一步一个脚印,脚踏实地地去行动。因此,我们要学会把中长期目标分解细化成若干个小的短期目标,实施具体的行动计划和步骤,一步步靠近理想。请根据学期成长规划和学业规划在每个月第一天制订月目标和月计划。

目标	预期成效	完成时间	行动策略

第 2 月月记录

月　日 ~ 月　日

星期一	星期二	星期三	星期四	星期五	星期六	星期日

本月重要事项

_____

_____

本月习惯养成训练

_____

_____

第 1 周满意度 ☆☆☆☆☆

第 2 周满意度 ☆☆☆☆☆

第 3 周满意度 ☆☆☆☆☆

第 4 周满意度 ☆☆☆☆☆

第 5 周满意度 ☆☆☆☆☆

2 大一下 天生我材必有用

 第2月月复盘

生涯发展是一个动态的过程,一些不确定的因素会使原来制订的计划与现实情况有所偏差,阶段性总结、反思、评估、修正,有助于我们及时调整生涯规划。

本月满意度评估(1~10分):＿＿＿＿＿＿＿＿＿＿＿＿

满意完成事项:＿＿＿

复盘没有完成的事

寻找障碍背后的深层理由

找到下个月的提升点

第3月月计划

理想的实现是一个循序渐进的过程,它必须一步一个脚印,脚踏实地地去行动。因此,我们要学会把中长期目标分解细化成若干个小的短期目标,实施具体的行动计划和步骤,一步步靠近理想。请根据学期成长规划和学业规划在每个月第一天制订月目标和月计划。

目标	预期成效	完成时间	行动策略

2 大一下　　天生我材必有用

 第 3 月月记录

　　　　　　　　　　　　　　　　　　　　　　　　月　日~　月　日

星期一	星期二	星期三	星期四	星期五	星期六	星期日

本月重要事项

本月习惯养成训练

第 1 周满意度 ☆☆☆☆
第 2 周满意度 ☆☆☆☆
第 3 周满意度 ☆☆☆☆
第 4 周满意度 ☆☆☆☆
第 5 周满意度 ☆☆☆☆

第 3 月月复盘

生涯发展是一个动态的过程,一些不确定的因素会使原来制订的计划与现实情况有所偏差,阶段性总结、反思、评估、修正,有助于我们及时调整生涯规划。

本月满意度评估(1~10 分):_____

满意完成事项:_____

_____

复盘没有完成的事

寻找障碍背后的深层理由

找到下个月的提升点

第4月月计划

　　理想的实现是一个循序渐进的过程,它必须一步一个脚印,脚踏实地地去行动。因此,我们要学会把中长期目标分解细化成若干个小的短期目标,实施具体的行动计划和步骤,一步步靠近理想。请根据学期成长规划和学业规划在每个月第一天制订月目标和月计划。

目标	预期成效	完成时间	行动策略

第4月月记录

　　　　　　　　　　　　　　　　　　　月　日~　月　日

星期一	星期二	星期三	星期四	星期五	星期六	星期日

本月重要事项

_____

本月习惯养成训练

_____

第1周满意度 ☆☆☆☆☆
第2周满意度 ☆☆☆☆☆
第3周满意度 ☆☆☆☆☆
第4周满意度 ☆☆☆☆☆
第5周满意度 ☆☆☆☆☆

2 大一下　天生我材必有用

 第4月月复盘

生涯发展是一个动态的过程,一些不确定的因素会使原来制订的计划与现实情况有所偏差,阶段性总结、反思、评估、修正,有助于我们及时调整生涯规划。

本月满意度评估(1~10分):＿＿＿＿＿＿＿＿＿＿＿＿＿＿＿＿＿＿

满意完成事项:＿＿＿＿＿＿＿＿＿＿＿＿＿＿＿＿＿＿＿＿＿＿＿＿＿

＿＿＿＿＿＿＿＿＿＿＿＿＿＿＿＿＿＿＿＿＿＿＿＿＿＿＿＿＿＿＿＿

复盘没有完成的事

寻找障碍背后的深层理由

找到下个月的提升点

第 2 学期末评估与总结

还记得学期初制订的个人学业规划和成长规划吗?
现在请回顾经过这一个学期你的目标完成情况。

学期总结表

目标	完成情况	主观原因/客观原因	调整与改进	反思总结

对于第2学期,我的总体满意度是多少分?(1~10分)

第2学期什么事让我感到特别有成就感?把这些事写下来并给自己一个奖励吧。

_____

_____

☺ _____

第2学期我最大的收获是什么?

本学期我支持了谁?帮助了谁?

本学期我最想感激的人是谁?为什么?

本学期有哪些遗憾?我准备如何改进和提高?

假期记录与总结

假期是一段很有意义的时光,会有更多的时间去充实和丰富自己。
看看你的梦想地图,哪些梦想你希望在假期里实现。
把这些目标填进表格里,并列出具体的行动策略。
一件件去完成吧!

目标	行动策略	完成时间	反思总结

2 大一下 天生我材必有用

假期结束了,这个假期你过得怎么样?总体满意度是多少分?(1~10分)

对于这个假期,你做的最有价值的事情是什么?

对于这个假期,你最大的收获是什么?

对于这个假期,有哪些遗憾?你准备如何改进和提高?

新学期就要开始了,你有什么新的目标呢?

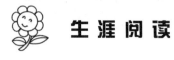
生涯阅读

2.1 兴趣、职业兴趣与生涯发展

1. 什么是兴趣

兴趣是我们以特定的事物或活动为对象所产生的积极的、带有倾向性和选择性的态度和情绪。兴趣常常表现为一种自觉自愿、乐此不疲的精神状态。

2. 什么是职业兴趣

职业兴趣是兴趣在职业方面的表现,指一个人对待工作的态度,对工作的适应能力,表现为有从事相关工作的愿望和兴趣,拥有职业兴趣将增加个人的工作满意度、职业稳定性和职业成就感。

3. 霍兰德兴趣类型理论

美国著名的职业指导专家,美国约翰·霍普金斯大学心理学教授约翰·霍兰德(John Henry Holland,1929.2.2—)自 20 世纪 70 年代以来,提出了兴趣类型理论。他认为,兴趣只是描述人格特点的另一个途径,在职业选择中发挥了重要的作用。人格被认为是兴趣、价值观、需要、技能、信念、态度和学习分割的综合体,其中兴趣在人进行职业选择时具有重要作用,是将人与职业进行匹配的依据。

他认为,大多数人的职业兴趣可以归纳为六种类型:实用型(Realistic type, R)、研究型(Investigative type,I)、艺术型(Artistic type,A)、社会型(Social type, S)、企业型(Enterprising type,E)和事务型(Conventional type,C)。其具体表现见表 2.1。他认为,个人的职业兴趣往往是多方面的,很少只是集中在某一种类型上,人们可能或多或少地具备所有六种类型的兴趣,只是偏好程度不同。因此,为了比较全面地描绘个人的职业兴趣,通常用最强的三种兴趣的字母代码来表示一个人的兴趣,这个代码就被称为"霍兰德代码"。这三个字母间的顺序表示了兴趣的强弱程度的不同,请通过职业倾向自我测评来测一测自己的霍兰德代码吧。

2 大一下 天生我材必有用

表 2.1 霍兰德兴趣类型论

兴趣类型	喜欢的活动	重视	职业环境要求	典型职业
实用型(R)	用手、工具、机器制造或修理东西。愿意从事实物性的工作、体力活动,喜欢户外活动、操作机器,而不喜欢在办公室工作	具体实际的事物,诚实,有常识	使用手工或机械技能对物体、工具、机器、动物等进行操作,与"事物"工作的能力比与"人"打交道的能力更为重要	园艺师、木匠、汽车修理工、工程师、军官、兽医、足球教练等
研究型(I)	喜欢探索和理解事物,喜欢学习研究那些需要分析、思考的抽象问题,喜欢阅读和讨论有关科学性的论题,喜欢独立工作,对未知问题的挑战充满兴趣	知识,学习,成就,独立	分析研究问题、运用复杂和抽象的思考创造性地解决问题的能力,谨慎缜密,能运用智慧独立地工作,具有一定的写作能力	实验室工作人员、生物学家、化学家、心理学家、工程设计师、大学教授等
艺术型(A)	喜欢自我表达,喜欢文学、音乐、艺术和表演等具有创造性、变化性的工作,重视作品的原创性和创意	有创意的想法,自我表达,自由,美	创造力,对情感的表现能力,以非传统的方式来表现自己;相当自由、开放	作家、编辑、音乐家、摄影师、厨师、漫画家、导演等
社会型(S)	喜欢与人合作,热情关心他人的幸福,愿意帮助别人成长或解决困难,为他人提供服务	服务社会与他人,公正,理解,平等,理想	人际交往能力,教导、医治、帮助他人等方面的技能,对他人表现出精神上的关爱,愿意担负社会责任	教师、社会工作者、牧师、心理咨询师、护士等
企业型(E)	喜欢领导和支配别人,通过领导,劝说他人或推销自己的观念、产品而达到个人或组织的目标,希望成就一番事业	经济和社会地位上的成功,忠臣,冒险精神,责任	说服他人或支配他人的能力,敢于承担风险,目标导向	律师、政治运动领袖、营销商、市场部经理、电影制片人、保险代理等

续表 2.1

兴趣类型	喜欢的活动	重视	职业环境要求	典型职业
事务型(C)	喜欢固定的、有秩序的工作或活动,希望确切地知道工作的要求和标准,愿意在一个大的机构中处于从属地位,对文字、数据和事物进行细致有序的系统处理以达到特定的标准	准备,有条理、节俭、盈利	文书技巧,组织能力,听取并遵从指示的能力,能够按时完成工作并达到严格的标准,有组织、有计划	文字编辑、会计师、银行家、办事员、税务员和计算机操作员

霍兰德认为,同一职业群体内的人有相似的人格特质,因此对情境和问题会有类似的反应,从而产生特定的职业氛围亦即职业环境,它具有特定的价值观念、态度倾向和行为模式。因此工作环境也可以分为六种类型,其名称及性质与兴趣类型的分类一致。具体职业通常也采用上述三个字母代码的方式来描述其工作性质和职业氛围。例如,建筑师这一职业的代码是 AIR,律师是 EAS,而会计则是 CRI。霍兰德提出,个人兴趣类型和职业环境之间的适配将增加个人的工作满意度、职业稳定性和职业成就感。

4. 职业兴趣与生涯发展的关系

兴趣决定职业的满意度。理性的人兴趣不是第一位,感性的人则不同。并不是所有的职业兴趣都应该或能够在自己的职业中体现。关键在于在工作和生活之间的协调与平衡,以及在工作与个人爱好的适度统一。

兴趣与能力有密切关系,兴趣和能力需要兼顾,人们倾向于在他们感兴趣的事情上投入更多的时间,往往得以培养更强的能力。由于能力较强,人们在从事自己喜欢的事情时会得心应手,因此增添了对这些事情的兴趣,从而形成良性循环。兴趣可以培养,能力也可以培养,作为大学生,建议不要把自己过早固定在某一较窄领域,应多尝试和探索,发现兴趣,培养能力。如果认识到自己所选专业确实与自身兴趣差距较大,有以下三种做法可供参考。

(1)改行:你要评估业余爱好和能力之间的差距,如果你认为自己真的很喜欢,同时具备相应的能力,能够把职业和爱好联系起来,那么你就可以改行。

(2)把眼光放远,尽量把专业和爱好结合起来:假设你学的是工科专业,但喜欢与人打交道,你可以利用专业知识从事相关行业,选择运营岗、产品岗、市场销售岗等实现兴趣与专业的结合。高兴趣≠高能力,通过旁听、兼职、参与相关社会活动,先体验,进一步探索。

(3)先职业,后爱好:可以把人生的需求分几个阶段进行考虑,不要强求在大学刚毕业就一步到位。每个人的现实情况都不一样,寻找工作的难易程度也不同,如果上面两种方法难以实施,你可以先找工作,提升自己的能力,拓展自己的人脉,当具备了较强的实力之后,再转换职业领域,与自己的爱好靠近。

2.2 性格与生涯发展

1. 什么是性格

自己或他人通常会用什么词来形容你?"活泼""沉静""内向"还是"外向"?这些词常常就和一个人的性格有关。关于性格(personality),心理学家们有多种定义,但其中有两个基本概念是一致的:独特性以及行为的特征性模式。具体而言,性格也称为人格特质,是一个人在生活中对他人、对事、对自己、对外在环境所表现出来的一致性适应方式。每个人在其成长经历中,可能受到生理、遗传、家庭教养、文化、学习经验等因素的交互作用,从而形成自己的独特个性,在不同的情境中表现出特定的气质。

2. 通过 MBTI 了解性格

为了方便理解,认知篇中的 MBIT 性格密码将 MBTI 的各个维度做了单独的介绍,但这并不等于可以从单个的维度去理解。人的性格非常复杂,每个维度都会彼此影响。因此,将四个维度结合起来,是正确理解一个人的方法。在 MBTI 中,四个维度中的两极正好组合成 16 种人格类型,这 16 种性格类型及其特征见表2.2。

表2.2 MBTI 16 种性格类型及其通常具有的特征

ISTJ	ISFJ	INFJ	INTJ
沉着,认真;贯彻始终、得人信赖而取得成功。讲求实际,注重事实,能够合情合理地去决定应做的事情,而且坚定不移地把它完成,不会因外界事物而分散精神。以做事有次序、有条理为乐,不论在工作上、家庭上或者生活上。重视传统和忠诚	沉静、友善,有责任感,谨慎。能坚定不移地承担责任。做事贯彻始终、不辞辛劳,准确无误。忠诚,替人着想,细心;往往记着他所重视的人的种种微小事情,关心别人的感受。努力创造一个有秩序、和谐的工作和家居环境	探索意念、人际关系和物质拥有欲的意义和它们之间的关系。希望了解什么可以激发人们的推动力,对别人有洞察力。尽责,能够履行他们坚持的价值观念。有一个清晰的理念以谋取大众的最佳利益。能够有条理地、果断地去实践他们的理念	有具创意的头脑、有很大的冲劲去实践他们的理念和达到目标。能够很快地掌握事情发展的规律,从而想出长远的发展方向。一旦做出承诺,便会有条理地开展工作,直到完成为止。有怀疑精神,独立自主;无论为自己还是为他人,有高水准的工作表现

续表 2.2

ISTP	ISFP	INFP	INTP
容忍、有弹性；是冷静的观察者,但当有问题出现时,便迅速行动,找出可行的解决方法。能够分析哪些东西可以使事情进行顺利,又能够从大量资料中找出实际问题的重心。很重视事件的前因后果,能够以理性的原则把事实组织起来,重视效率	沉静,友善,敏感和仁慈。欣赏目前和他们周遭所发生的事情。喜欢有自己的空间,做事又能把握自己的时间。忠于自己所重视的人。不喜欢争论和冲突,不会强迫别人接受自己的意见或价值观	理想主义者,忠于自己的价值观及自己所重视的人。外在的生活与内在价值观配合。有好奇心,能够很快看到事情的可能与否,加速对理念的实践。试图了解别人、协助别人发展潜能。适应力强,有弹性；如果和他们的价值观没有抵触,往往能包容他人	对任何感兴趣的事物,都要探索一个合理的解释。喜欢理论和抽象的事情,喜欢理念思维多于社交活动。沉静,满足,有弹性,适应力强。在他们感兴趣的范畴内,有非凡的能力去专注而深入地解决问题。有怀疑精神,有时喜欢批评,常常善于分析
ESTP	ESFP	ENFP	ENTP
有弹性。容忍；讲求实际,专注即时的效益。对理论和概念上的解释感到不耐烦,希望以积极的行动去解决问题。专注于"此时此地",喜欢主动与别人交往。喜欢物质享受的生活方式。能够通过实践达到最佳的学习效果	外向,友善,包容。热爱生命、热爱人生,喜爱物质享受。喜欢与别人共事。在工作上,能用常识、注意现实的情况,使工作富有趣味性、灵活性、即兴性,易接受新朋友和适应新环境。与别人一起学习新技能可以达到最佳的学习效果	热情而热心,富有想象力。认为生活充满很多可能性。能够很快地找出事件和资料之间的关联性,而且有信心地依照他们所看到的模式去做。很需要别人的肯定,又乐于欣赏和支持别人。即兴而富于弹性,时常信赖自己的临场表现和流畅的语言能力	思维敏捷,机灵,能激励他人,警觉性高,勇于发言。能随机应变地去应付新的和富有挑战性的问题。善于引出在概念上可能发生的问题,然后很有策略地加以分析。善于洞察别人。对日常例行事务感到厌倦,甚至以相同方法处理同一事情时,能够灵活地处理接二连三的新事物

续表 2.2

ESTJ	ESFJ	ENFJ	ENTJ
讲求实际,注重现实,注重事实。果断,很快做出实际可行的决定。能够安排计划和组织人员以完成工作,尽可能以最有效率的方法达到目的。能够注意日常例行工作的细节。有一套清晰的逻辑标准,会有系统地跟着去做,也想别人跟着去做。会以强硬态度去执行计划	有爱心,尽责,合作。渴望有和谐的环境,而且有决心营造这样的环境。喜欢与别人共事以能准确地、准时地完成工作。忠诚,即使在细微的事情上也如此。能够注意别人在日常生活中的需要而努力供应他们。渴望别人赞赏他们和欣赏他们所做的贡献	温情,有同情心,反应敏捷和有责任感。高度关注别人的情绪、需要和动机。能够看到每个人的潜质,帮助别人发挥自己的潜能。能够积极地协助人和组织的成长。忠诚,对赞美和批评都能做出很快的回应。社交活跃,在一组人当中能够惠及别人,有启发人的领导才能	坦率、果断、乐于作为领导者。很容易看到不合逻辑和缺乏效率的程序和政策,从而开展和实施一个能够顾及全面的制度去解决一些组织上的问题。喜欢有长远的计划、喜欢有一套制定的目标。往往是博学多闻的,喜欢追求知识,又能把知识传授给别人。能够有力地提出自己的主张

请对照表 2.2,看一看与我们所属的类型描述和我们了解的自己有多少相符。当然,仅仅通过一个活动往往很难一下就准确地判断我们的 MBTI 类型。所以,除了完成前面的活动以更好地理解 MBTI 类型外,我们最好做一些正式的 MBTI 测评,再结合我们在课堂活动中的反应及自己在日常生活中的性格表现来判断自己属于哪种类型。

3. 性格与生涯发展

当我们用自己常用的那只手签名时,通常会感到"得心应手",很自如,几乎不假思索,也不用费什么力气,对自己能够做好这件事也很有自信。而当我们用另一只手签名时,就感到不习惯、别扭、费劲,而且签的名字也歪歪扭扭。不过,我们发现自己也还是可以用这只手签名的。

我们在其他事情上也是如此,天生有自己擅长的一面,也有自己不擅长的一面(就如我们的右手、左手)。它们没有好坏或者对错之分。如果能够找到一个适合的环境,使我们在其中发挥自己的长处和优势,那么我们会很自信,并且往往会取得佳绩。相反,如果要求我们做不擅长的事情,那么多半会感到不舒服、不自在,而且可能做不好工作。

如果我们知晓自己性格上的"左右手",并了解与之相适应的环境和职业,就能做出合乎自己情况的职业选择。这样的最佳匹配,会使得我们容易成为有效的工作者。

知道自己的 MBTI 类型,可以帮助我们了解职业倾向。相关研究数据表明,S-N、T-F 两种维度的组合(ST、SF、NF、NT)与职业的选择更为相关(Hammer and Macdaid,1992)。

ST 型的人更关注通过实效和实际的方式应用详细资料,如商业领域。例如,一位 ST 型的心理咨询硕士将会成为心理测评和应用方面的专家。

SF 型的人喜欢通过实践的方式帮助别人,如健康护理和教育领域。例如,一位 SF 型的心理咨询硕士将关注自己的管理、督导技能,以发展和促进同事之间有效的工作关系。

NF 型的人希望能通过在宗教、咨询、艺术等领域的工作来帮助人们。例如,一位 NF 型的心理咨询硕士将成为临床专家来帮助人们成长、发展,学习如何更好地了解自己和他人。

NT 型的人更关注理论框架,如科学、技术和管理,喜欢挑战。例如,一个 NT 型的心理咨询硕士将运用他的战略重点和管理技巧,成为人力资源领域的管理者。

工作安全感则受 IJ、IP、EP、EJ 的影响最大,其中 EJ 类型的人最易有工作安全感,而 IP 类型的人常常在工作中对组织、未来等缺乏安全感。

在运用 MBTI 性格类型时,我们应该注意:每个偏好、每种类型没有哪种是更好的,也没有更坏的,更没有对错之分。每种类型都是独特的,会在适合的环境中发挥自己的优势。认识自己的性格类型,可以让我们更好地了解自己,理解自己的行为特点,根据自己的特点学习、工作和解决问题,但这并不意味着它可以成为约束我们不做某事或不选择某种事业的借口。世界上没有百分之百适合某种性格的职业,也没有百分之百不适合某种性格的职业,懂得用己所长,整合资源,才是问题解决之道。性格认识旨在帮助我们更好地了解自己的行为和做事特点,理解他人为何与自己不同。评价的标准不止一个,人与环境的互动也是很复杂的,很难用某个标准来评价。所以,请注意不要在工作中因性格类型而固化地看待甚至歧视某些人。

2.3 能力、技能与生涯发展

1. 什么是能力

心理学认为,能力是一种个性心理特性,是顺利从事活动的一种必备的心理条件,包括知识与躯体行为。能力是先天就具有或通过学习而获得的。因此,能力的影响因素主要包括遗传、环境和教育。

2. 什么是技能

技能强调的是经过学习和练习发展起来的能力,是从事活动时有效地运用天资和知识的力量。影响技能的因素更多在于实践。

3. 什么是职业技能

职业技能是个体将所学的知识、技能和态度在特定的职业活动或情景中进行类化迁移与整合所形成的能完成一定职业任务的能力。

4. 技能的分类

(1) 知识技能。

知识技能是指那些需要通过教育或者培训才能获得的特别的知识或能力,也就是个人所学习的科目、所懂得的知识。比如:你是否掌握外语、中国古代历史、编程或化学元素周期表等知识?知识技能一般用名词来表示。

知识技能不可迁移,也就是说,它们是一些特殊的语汇、程序和学科内容,必须经过有意识的、专门的培训才能掌握。它们常常与我们的专业学习或工作内容直接相关。正因为如此,许多大学生由于不喜欢自己的专业,在找工作时往往陷入两难的境地:一方面,他们认为找工作必须"专业对口",但是又不喜欢自己的专业,不想将之作为从事一生的职业;另一方面,如果"专业不对口",自己不是"科班出身",则担心自己与专业出身的应聘者相比缺乏竞争力,甚至觉得很难跨越专业的鸿沟。在这种情况下,似乎唯一可行的方式就是通过考研来改换专业。

事实上,知识技能并非只有通过正式的专业教育才能获得。除了学校课程、课外培训、专业会议、讲座、研讨会、自学、资格认证考试等方式都可以帮助个人获得知识技能。

(2) 自我管理技能。

自我管理技能经常被看作个性品质而非技能,因为它们被用来描述或说明人具有的某些特征。它涉及个体在不同的环境下如何管理自己:是勇于创新还是循规蹈矩,是认真还是敷衍了事,能否在压力下保持镇定,是否对工作有热情,是否自信,等等。

良好的自我管理技能能够帮助个体更好地适应周围的环境、应对工作中出现的问题,因此它也被称为"适应性技能"。一个人是如何使用自己的专业知识、以什么样的态度从事工作的,这甚至比工作内容本身更为重要。正是这样一些品质和态度,将个人与许多其他具有相同知识技能的候选人区别开来,最终得到一份工作,并能够适应新的环境和规则,在工作中取得成就,获得加薪和晋升的机会。因此,有人称它们为"成功所需要的品质、个人最有价值的资产"。

事实上,人们被解雇或离职更多的时候是因为缺乏自我管理技能,而不是因为缺乏专业能力(比如,由于个性上的原因易与他人发生摩擦等)。在用人单位对刚毕业大学生的意见中,经常听到的就是"缺少敬业精神、没有服务意识、眼高手低、不认真不踏实、没有主动进取精神"等等,而这些都是与自我管理技能相关的。很多大学生因为从小受到父母、老师的呵护,缺乏这方面的意识,在处理工作问题和人际关系上往往显得不成熟、以自我为中心。他们没有认识到:企业要求员工成熟、能负责、能独立解决问题。可以说,在大学生从校园走向社会之前,培养良好的自我管理技能,学会如何为人处世,是至关重要的。

自我管理技能无论是一个人先天具有的还是后天习得的,都需要练习。它们可以从非工作(生活)领域迁移转换到工作领域。也就是说,耐心、负责、热情、敏捷这些技能并不是通过专门的课程学习到的,而是在日常生活中随时随地培养的。

(3)可迁移技能。

可迁移技能就是一个人会做的事。比如教学、组织、说服、设计、安装、帮助、计算、考察、分析、搜索、决策、维修等等。

可迁移技能的特征是它们可以从生活中的方方面面,特别是工作之外得到发展却可以迁移应用于不同的工作之中。比如在宿舍里发生大家争用电话的矛盾时,宿舍长可以组织室友们一起开会讨论协商解决如何平等地使用电话的问题。其中就用到了组织、商讨、问题解决、管理等重要的可迁移技能。几乎在所有的工作中,都或多或少地会用到这些技能。因此可迁移技能也被称为通用技能。

基于这样的原因,可迁移技能也是个人最能持续运用和最能够依靠的技能。随着信息时代的到来和新技术的日新月异发展,知识的更新换代不断加快,这意味着个体需要不断学习新的知识技能才能跟上时代的发展。例如,三四十年前,我们对手机、电脑还几乎闻所未闻,但如今它们却在我们的生活中占据了极其重要的位置,而与它们相关的行业知识也都是近些年来才出现,并且处于飞速发展变化中的。正因为如此,当今的时代越来越强调终身学习。"学习能力"(可迁移技能)已经比拿到某个专业的硕士学位(知识技能)更为重要。

与知识技能相比,可迁移技能无所谓更新换代而且无论你的需求和工作环境有什么样的变化,它们都可以得到应用。随着我们工作经验和生活阅历的增加,可迁移技能还会得到不断发展。既然它们在许多工作中都会用到,它们的重要性不容忽视。索尼技术中心会计部经理曾说:"我在聘用一个人时,最为看重的是他的人际沟通能力。这项能力极其重要,因为必须有能力与人交谈才能获得需要的信息……我把80%的时间用在与索尼其他部门打交道上,我的员工也花费大量时间与本部门之外的人打交道。"

事实上知识技能的运用都是在可迁移技能基础之上的。举例来说,你的知识技能也许是动物学,但你将怎样运用它呢?是"教授"动物学,还是当宠物医生"治疗"宠物,或是"写作"科普文章宣传爱护野生动物的知识,抑或在流浪小动物协会帮助"照料"小动物?这些加引号的词都是可迁移技能。你以前可能没有正式当过教师,但是通过当家教、在课堂上汇报讲解小组科研项目等经历,你已经具备了"教学"的技能。当你把"教学"技能与"动物学"知识结合在一起时,你就可以去应聘相关的职位了。

5. 技能词汇表(表2.3、表2.4)

表2.3　可迁移技能词汇表

达到	照顾	巩固	指导	执行	运送	
建设	洞察	适应	制图	联系	发现	
管理	选择	控制	拆除	做广告	分类	
烹调	展示	劝告	打扫	协调	证明	
开玩笑	攀登	复制	草拟	分析	训练	
纠正	绘制	预测	收集	联络	申请	
着色	咨询	驾驶	评价	交流	计数	
编辑	安排	比较	创造	授予	声称	
装配	比赛	培养	鼓励	编辑	决定	
忍耐	评估	完成	定义	加强	调和	
协助	构成	代表	提高	参加	领会	
运送	娱乐	审核	计算	证明	建立	
权衡	集中	设计	估计	讨价还价	概念化	
详述	美化	探测	膨胀	预算	面对	
发展	解释	购买	联结	发明	探索	
计算	保存	诊断	表达	促进	领导	
生产	分享	喂养	学习	编程	运送	
感受	搬运	提升	演出	填充	倾听	
校对	简化	融资	装载	保护	唱歌	
调整	定位	提供	绘图	装配	维修	

表2.4　自我管理技能词汇表

诚实	正直	自信	开朗	合作	耐心	
细致	慎重	认真	负责	可靠	灵活	
幽默	友好	真诚	热情	投入	高效	
冷静	严谨	踏实	积极	主动	豪爽	
勇敢	忠诚	直爽	现实	执着	机灵	
感性	善良	大度	坚强	随和	聪明	
稳重	热情	乐观	朴实	渊博	明智	
坚定	乐观	亲切	好奇	果断	独立	
成熟	谦虚	理性	周详	客观	平和	
有创意	有激情	有远见	有抱负	有条理	想象力丰富	
善于观察	坚忍不拔	足智多谋	精力旺盛	头脑开阔	多才多艺	
彬彬有礼	善解人意	吃苦耐劳				

2.4 价值观、职业价值观与生涯发展

1. 什么是价值观

价值观就是我们在生活中和工作中所看重的原则、标准或品质。他指向我们一生中最重要的东西,因此它也是一套自我激励机制。

2. 什么是职业价值观

职业价值观是个人追求的与工作有关的目标,亦即个人在从事满足自己内在需求的活动时所追求的工作特质或属性,它是个体价值观在职业问题上的反映。

3. 价值观与生涯发展

价值观是人们在考虑问题时所看重的原则和标准,是人们内在的驱动力。因此,价值观在人们的生涯发展中往往起到极其重要、决定性的作用,甚至可能超过了兴趣和性格对个人的影响。

从舒伯的生涯发展理论和马斯洛的需求层次理论可以看出,个人由于所处的生涯发展阶段、社会环境的不同,他的需求会发生改变,从而可能导致价值观的变化。比如,有很多刚毕业的大学生,都希望进外企,把赚钱当作自己的首要目标。因为在这个阶段,他们面临买房、成家等任务,这些都需要经济支持。而在工作十余年、有了一定经济基础的人群中,则有不少人意识到,仅仅为了钱而从事自己不喜欢的工作是一件痛苦的事情。所以,他们在考虑职业选择的时候,薪酬就不再排首位了。寻找一个适合于自己兴趣爱好的、能够兼顾家庭的工作成为他们的目标。他们的需求发生了改变,他们在职业上所看重的东西(即工作价值观)也随之变化了。

此外,由于我们身处的时代是一个多元社会,多种价值观的冲击也会导致原有价值体系的混乱乃至改变。仅以个人的职业发展而言,在计划经济体制时期,讲的是"干一行,爱一行""我是革命的一块砖,哪里需要往哪里搬";如今,"尊重个体的差异和独特性、充分发挥个人才能"已经成为大家推崇的理念,并成为生涯规划这一行业发展的契机。

由于时代的巨大变迁、多元价值体系的冲击,以及个人的成长和发展所带来的变化,个人的价值观常常变得混乱。因此,个人需要对自己的价值观进行探索。一个人越清楚自己的价值观,越了解自己在工作和生活中想要寻求什么、什么对自己来说是最重要的,他的生涯发展目标也就越清晰。而当现实环境与理想发生冲突时,他也更容易做出决策,因为他清楚哪些东西是可以放弃的,哪些是不可或缺的。不同的价值观会产生不同的行动选择。而价值观不清晰的人,往往会陷入混乱,难以抉择。

2.5 计划制订与评估调整

1. 计划制订

好的目标要配上好的计划才能够得到执行,它们是不能分离的。目标是一个人想要获得的结果,而计划是一个人为了获得结果而要采取的行动的指令和规则。比如"6个月内减重10斤"是一个减肥目标,而"每周一三五放学后在400米1圈的跑道上跑1 200米(3圈)"则是一条实现减肥目标的具体计划,只有看到计划以后执行者才知道要如何去做。好的计划除了要紧扣目标以外,应当具有很强的可执行性。可执行性强的计划往往具备以下几个要素:

(1)定时。

"定时"指的是一项计划要有相对固定和确切的执行时间,至少具体到某个日期,最好能具体到一天当中的某个时刻。例如上面提到的跑步计划中"每周一三五放学后"就是定时。于是每周一三五一放学,执行者就知道自己该跑步了。

(2)定点。

"定点"指的是一项计划要有相对确定的执行场所。环境对我们的影响是不容忽视的,挑选适合的场所为自己营造适合的环境对执行计划非常重要。例如跑步这项运动最适合的场所就是操场的跑道,而看书这项活动最适合的场所就是相对安静的室内环境,如教室、图书馆、房间等。选对了地方,将会事半功倍。

(3)定量。

"定量"指的是一项计划要有相对确定的完成额度。例如在确定了跑步的时间和地点之后,如果不能给自己规定跑多少米或者多少圈,一个没有跑步习惯的人很容易跑几步就放弃了,或者觉得足够了。好的做法就是像上面提到的那样,在400米1圈的跑道上,规定每次跑"1 200米(3圈)",完成这个额度才算计划执行完毕。这个额度和数量可以视自己的能力而定,但是不能没有。

(4)监督。

有了以上三个要素的计划可以说已经非常具有可执行性了,接下来的工作就是在自我的监督下去执行。但是在我们真正建立起较强的自我管理能力之前,偶尔也会出现懈怠和偷懒的念头。这种时候,还可以引入一套外部的监督机制,借助别人的力量来帮助自己提高执行力。例如把自己的目标和计划告诉同学、朋友、老师、家长等,让他们都来监督自己,甚至可以适当实施一些惩罚和奖励措施。

本书行动篇中学期梦想清单、学期学业规划、学期成长规划、月计划帮助同学们细分目标,制订计划。

2. 计划检测

与"SMART目标检测表"类似,关于计划的制订也可以使用"计划检测表"来帮助我们打磨一套好的执行计划。本书行动篇中每月月计划、月记录中设计的各种表格可以帮助同学们通过计划检测的方式,进一步促进行动。

3. 评估调整

有了好的目标和计划,并且坚定地去执行,目标就一定会实现吗?实践的经验告诉我们,未必。造成这种情况的原因有很多,比如,对自己的执行力评估不准确,导致设定的目标和制订的计划不适合自己,又比如,在设定好目标并制订计划以后,发生了一些计划之外的事情影响了执行的进度等。但不必担心,谁都无法预知未来并且永远做出正确的判断,出现失误和遇到困难都是正常的事,我们要学会坦然接受尝试过程中的各种失误。

另一方面,一次不准确的自我评估,能够让我们进一步知道真实的自己和理想的自己之间的距离,从而帮助我们调整各项指标,重新设定、制订下一次的目标和计划。进行调整的思路也很简单,首先,总结自己的执行情况,即总结目标实现得如何;其次,针对执行情况进行分析,找到问题出现的原因;最后,根据之前的经验和教训,调整未来设定目标和制订计划的方向。本书行动篇中,月复盘、学期总结和假期总结中设计的各种表格,可以帮助同学们随时评估行动,调整目标。

3 大二上

外部世界探索

3　大二上　　外部世界探索

只要站在风口,猪也能飞起来。长出一个小翅膀,就能飞得更高。

——雷　军

认知行业概貌

　　行业,一般是指按生产同类产品或具有相同工艺过程,或提供同类劳动服务划分的经济活动类别,如金融行业、教育行业、互联网行业等。个人职业发展与行业发展是紧密相连的,行业的发展能促进个人的职业发展。

　　请参考生涯阅读3.2,并查找资料,谈谈你对行业四个发展阶段的理解。

曙光期:

朝阳期:

成熟期:

夕阳期:

认知企业与组织

企业,一般是指从事生产、流通、服务等经济活动,并以产品或服务来满足社会需要,实行自主经营、自负盈亏、独立核算、依法设立的一种盈利性的经济组织。企业有4类基本组织形式:国有企业、民营企业、外资企业和政府与事业单位。

请查找资料,谈谈你对以下4类组织的理解。

国有企业

民营企业

外资企业

政府与事业单位

认知职能

职业是按工作职能来划分的,而在企业中,会划分不同的职能模块,一般来说,企业有 8 个基础职能:销售、市场、研发、生产和服务、客服、财务、人力资源及行政。

请查找资料,谈谈你对这 8 个基础职能的理解。

销售	市场
研发	生产和服务
客服	财务
人力资源	行政

认知专业

  专业,泛指专门学业或专门职业。就学业而言,专业是指教育机构培养专门人才的专业门类。目前诸多高校实行宽口径招生,在大一学年末让学生选择专业,在他们对专业有一定的认知之后再进行专业的选择,有利于其个人发展。

专业与职业、行业的关系

	包含	相交	相离
专业与职业的关系			
专业与行业的关系			

专业学习与职业发展的相互关系

专业名称	
专业简介	
培养目标	
培养要求	
专业主干课程	
毕业要求	
相关专业	

(访问你的专业课老师、师兄、师姐,并查阅相关资料,回答以下问题)

你的专业是为了培养哪些人才?

你的专业毕业后,可从事较为对口的职业领域有哪些?

将这些职业归类,哪些技术性要求较高,哪些是非技术性的?

你的专业对应的有哪些著名的企业?该企业的主打产品是什么?

你的家族职业树

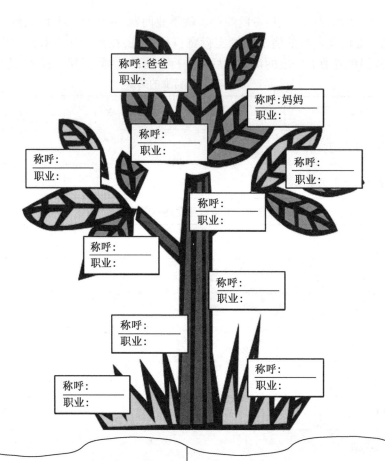

称呼：爸爸
职业：

称呼：妈妈
职业：

称呼：
职业：

称呼：
职业：

称呼：
职业：

称呼：
职业：

称呼：
职业：

称呼：
职业：

称呼：
职业：

称呼：
职业：

你家族中最多从事的职业是什么？

家族中谁对职业的想法对你影响最深刻？

你的家族资源圈可为你提供哪些职业机会或帮助？

通过分析家族成员职业和他们的观点，你得到了哪些启发？

典型企业(组织)调研

企业(组织)名称				
信息收集途径				
企业(组织)发展历史				
企业(组织)文化				
企业(组织)在产品、市场、技术方面的优势				
企业(组织)在产品、市场、技术方面的不足				
企业(组织)人力资源开发与管理状况	人才需求			
	晋升政策			
	薪资福利			
职业竞争者分析	行业(地区)竞争			
	组织内部竞争			
企业(组织)过去经营发展评价以及现状				
企业(组织)发展前景及经营预测				
你对该企业(组织)的综合意见				

目标岗位调研

岗位名称			
信息收集途径			
岗位职责			
工作环境			
主要工作内容			
任职资格	教育背景		
	知识要求		
	技能要求		
	素养要求		
薪资福利			
晋升通道			
机遇挑战			
你对该岗位的综合意见			

职业生涯人物访谈

被访谈者姓名：

被访谈者专业（职业）：

被访谈者年级（单位）：

访谈形式：

访谈时长：

访谈记录：

访谈收获：

职业方向分析

通过职业探索,综合宏观环境、产业行业环境、组织环境、家庭环境,更客观地认识外部世界,认识自己,分析可能的职业机会。

宏观环境	当前的宏观环境为你提供了什么机会?有哪些限制?
产业行业	你所感兴趣的地区产业、行业环境及政策导向是什么?
企业组织	哪些企业或组织是你会考虑的?有哪些特征?
专业职业	有哪些职业是你感兴趣的?与你所学专业的关系如何?
家庭人脉	家人对你未来的职业期待是什么?对你的影响和限制是什么?哪些支持和资源可以帮助你取得更好的发展?
职业价值观	选择职业时,你会重视哪些条件?
小结	结合职业探索结果,哪些职业是你绝不考虑的?哪些职业是你考虑过的或是可以考虑的?哪些职业是你需要进一步探索和尝试的?

3 大二上　　外部世界探索

选择职业,就是选择未来的自己。

——罗　素

第 3 学期梦想清单

它们可以很抽象,也可以很具体;可以很伟大,也可以很平凡;可以很严肃,也可以很活泼。请梳理你的想法,列一张自己的学期梦想清单。

3　大二上　　外部世界探索

 第3学期学业规划

个人学业规划是对教学计划内课程和课外课程的学习目标进行规划。

类别	课程名称	预期目标	行动计划
公共课			
专业课			
选修课			
技能操作			
课外学习			

127

第3学期课程表

时间	星期一	星期二	星期三	星期四	星期五	星期六	星期日

第3学期成长规划

大学生在大学期间要养成健康的生活习惯,培养健康的兴趣爱好,建立良好的人际关系,树立正确的爱情观,要在专业学习上积累知识,同时为下一阶段步入职场做准备,积极参加各种学生活动与社会实践,锻炼自己各方面的能力。

学期成长规划主要从学习进修、职业发展、人际交往、个人情感、身心健康、休闲娱乐、财务管理、家庭生活、服务社会等全面发展的角度进行规划。

学习进修	职业发展	人际交往
个人情感	身心健康	休闲娱乐
财务管理	家庭生活	服务社会

第1月月计划

理想的实现是一个循序渐进的过程,它必须一步一个脚印,脚踏实地地去行动。因此,我们要学会把中长期目标分解细化成若干个小的短期目标,实施具体的行动计划和步骤,一步步靠近理想。请根据学期成长规划和学业规划在每个月第一天制订月目标和月计划。

目标	预期成效	完成时间	行动策略

3 大二上　　外部世界探索

第1月月记录

月　日~月　日

星期一	星期二	星期三	星期四	星期五	星期六	星期日

本月重要事项

本月习惯养成训练

第1周满意度☆☆☆☆☆
第2周满意度☆☆☆☆☆
第3周满意度☆☆☆☆☆
第4周满意度☆☆☆☆☆
第5周满意度☆☆☆☆☆

第1月月复盘

生涯发展是一个动态的过程,一些不确定的因素会使原来制订的计划与现实情况有所偏差,阶段性总结、反思、评估、修正,有助于我们及时调整生涯规划。

本月满意度评估(1~10分):＿＿＿＿＿＿＿＿＿＿＿＿＿＿＿＿＿＿＿

满意完成事项:＿＿＿

复盘没有完成的事

寻找障碍背后的深层理由

找到下个月的提升点

3 大二上　　外部世界探索

 第2月月计划

理想的实现是一个循序渐进的过程,它必须一步一个脚印,脚踏实地地去行动。因此,我们要学会把中长期目标分解细化成若干个小的短期目标,实施具体的行动计划和步骤,一步步靠近理想。请根据学期成长规划和学业规划在每个月第一天制订月目标和月计划。

目标	预期成效	完成时间	行动策略

第 2 月月记录

月　日 ~ 　月　日

星期一	星期二	星期三	星期四	星期五	星期六	星期日

本月重要事项

_____

_____

本月习惯养成训练

_____

_____

第 1 周满意度 ☆☆☆☆☆

第 2 周满意度 ☆☆☆☆☆

第 3 周满意度 ☆☆☆☆☆

第 4 周满意度 ☆☆☆☆☆

第 5 周满意度 ☆☆☆☆☆

3 大二上 外部世界探索

 第2月月复盘

生涯发展是一个动态的过程,一些不确定的因素会使原来制订的计划与现实情况有所偏差,阶段性总结、反思、评估、修正,有助于我们及时调整生涯规划。

本月满意度评估(1~10分):_____

满意完成事项:_____

复盘没有完成的事

寻找障碍背后的深层理由

找到下个月的提升点

第3月月计划

理想的实现是一个循序渐进的过程,它必须一步一个脚印,脚踏实地地去行动。因此,我们要学会把中长期目标分解细化成若干个小的短期目标,实施具体的行动计划和步骤,一步步靠近理想。请根据学期成长规划和学业规划在每个月第一天制订月目标和月计划。

目标	预期成效	完成时间	行动策略

3 大二上　　外部世界探索

 第3月月记录

月　日~月　日

星期一	星期二	星期三	星期四	星期五	星期六	星期日

本月重要事项

本月习惯养成训练

第1周满意度 ☆☆☆☆☆
第2周满意度 ☆☆☆☆☆
第3周满意度 ☆☆☆☆☆
第4周满意度 ☆☆☆☆☆
第5周满意度 ☆☆☆☆☆

第3月月复盘

  生涯发展是一个动态的过程,一些不确定的因素会使原来制订的计划与现实情况有所偏差,阶段性总结、反思、评估、修正,有助于我们及时调整生涯规划。

  本月满意度评估(1~10分):_____

  满意完成事项:_____

_____

复盘没有完成的事

寻找障碍背后的深层理由

找到下个月的提升点

第4月月计划

理想的实现是一个循序渐进的过程,它必须一步一个脚印,脚踏实地地去行动。因此,我们要学会把中长期目标分解细化成若干个小的短期目标,实施具体的行动计划和步骤,一步步靠近理想。请根据学期成长规划和学业规划在每个月第一天制订月目标和月计划。

目标	预期成效	完成时间	行动策略

第 4 月月记录

月　日~月　日

星期一	星期二	星期三	星期四	星期五	星期六	星期日

本月重要事项

本月习惯养成训练

第 1 周满意度 ☆☆☆☆
第 2 周满意度 ☆☆☆☆
第 3 周满意度 ☆☆☆☆
第 4 周满意度 ☆☆☆☆
第 5 周满意度 ☆☆☆☆

第4月月复盘

  生涯发展是一个动态的过程,一些不确定的因素会使原来制订的计划与现实情况有所偏差,阶段性总结、反思、评估、修正,有助于我们及时调整生涯规划。

本月满意度评估(1~10分):_____

满意完成事项:_____

复盘没有完成的事

寻找障碍背后的深层理由

找到下个月的提升点

第3学期末评估与总结

还记得学期初制订的个人学业规划和成长规划吗?
现在请回顾经过这一个学期你的目标完成情况。

学期总结表

目标	完成情况	主观原因/客观原因	调整与改进	反思总结

3　大二上　　外部世界探索

对于第 3 学期,你的总体满意度是多少分?(1~10 分)

第 3 学期什么事让你感到特别有成就感? 把这些事写下来并给自己一个奖励吧。

第 3 学期你最大的收获是什么?

本学期你支持了谁? 帮助了谁?

本学期你最想感激的人是谁? 为什么?

本学期有哪些遗憾? 你准备如何改进和提高?

假期记录与总结

假期是一段很有意义的时光,会有更多的时间去充实和丰富自己。
看看你的梦想地图,哪些梦想你希望在假期里实现。
把这些目标填进表格里,并列出具体的行动策略。
一件件去完成吧!

目标	行动策略	完成情况	反思总结

3　大二上　　外部世界探索

假期结束了,这个假期你过得怎么样? 总体满意度是多少分? (1~10分)

对于这个假期,你做的最有价值的事情是什么?

对于这个假期,你最大的收获是什么?

对于这个假期,有哪些遗憾? 你准备如何改进和提高?

新学期就要开始了,你有什么新的目标呢?

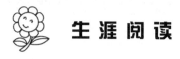

生涯阅读

3.1 认识工作世界的方法与途径

在本节中,生涯探索的视角从内部转向外部。工作世界是一个人实现其生涯理想的外部平台,如何能够更好地利用这个外部平台,更充分地认知外部工作世界信息,是职业生涯中很关键的一部分内容。探索工作世界的方法与途径有以下几种。

1. 查阅

将个人希望了解的职业方向(或职业群),通过网络、书籍、期刊及有关声像资料,进行初步查阅;选定各种典型职业,进一步对其入门所需的基本条件,如学历、资格证书、身体条件等进行查阅;通过查阅使自己对所需要的知识、技能、生理条件及个性特征有初步的认识,对该职业的生存环境、发展前途以及个人循此发展可能取得的职业成就等形成初步印象。

查阅的优点:方便、快捷、信息量大、成本低。

查阅的不足:间接的、隔离的信息,可能与现实感受有差距。

2. 参观

到相关职业现场短时间地观察、了解。通过参观,可以了解该职业的性质、内容、环境及氛围,获得实实在在的职业感受。

优点:能得到切身的感受。

缺点:无法对职业的实质深入了解,易被营造的氛围迷惑。

3. 实践

到职业场所进行一定时间的打工、义务劳动或实习实践。实习是一种比较全面地了解职业的方法。实习可以更深入、更真实地对工作任务、工作要求、工作环境及个人的适应情况进行了解、判断,可以了解工作的程序、报酬、奖罚、管理及升迁发展的各种信息,还可以通过与工作人员的实地接触,感受职业对人的影响及人职和谐情况。

4. 讨论

讨论意味着与别人共享对职业的探索结果。个人的探索总有局限性,与别人一起讨论感兴趣的职业问题,共享职业探索成果,会互相打消一些不现实或前景暗淡的东西,共同发现一些更好的东西和更多的前进道路。

要点:不要对个人已经拿定主意、不会改变的事情进行讨论,也不要把自鸣得意的结果拿出来炫耀,而应把正在探索或已有结果但仍需进一步证实或充实提高的东西拿出来讨论。

5. 访谈

通过与相关从业者的交流和访谈,了解相关职业的知识、技能需求,待遇和发展前景等。

优点:结果比较客观,对工作的要求比较客观。

缺点:由于访谈对象的不同,结果可能差异很大,有的人对职业比较积极,赞誉较多;有的人对职业比较消极,可能评价较低。

各种方法及途径的难度和精确度如图 3.1 所示;各种方法及途径的直接程度如图 3.2 所示。

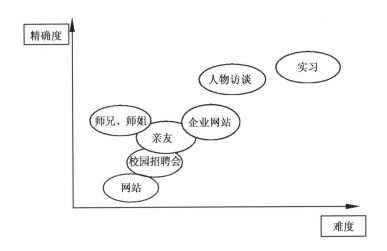

图 3.1 认识工作世界途径的难度和精确度

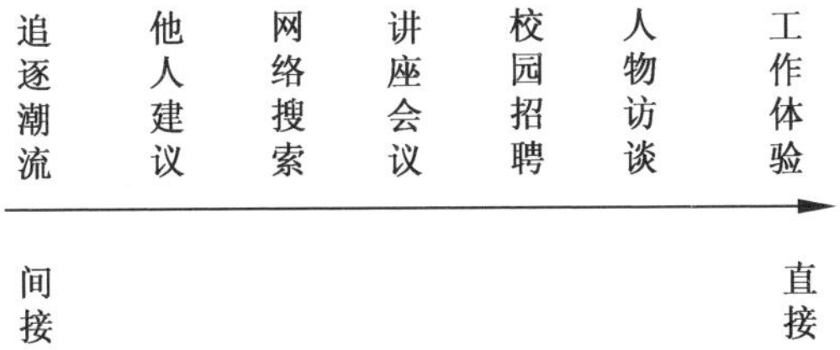

```
追     他    网    讲    校    人    工
逐     人    络    座    园    物    作
潮     建    搜    会    招    访    体
流     议    索    议    聘    谈    验
                            
间                                直
接                                接
```

图 3.2 认识工作世界途径的直接程度

3.2 认识行业

1. 什么是行业

行业是为了满足大众社会生活的需求而形成的,具有提供相同性质产品或服务的单位构成的群体总和。比如,教育行业满足了人们对知识的学习与传播的需求,旅游行业满足了人们体验活动的需求。

2. 行业与个人生涯发展

个人的职业发展与行业发展是紧密相连的,行业的发展能促进个人的职业发展。比如,智能手机行业的兴起,引爆了移动电源行业近年来的爆发式增长,也带动了软件设计者和硬件工程师的职业发展。

3. 行业发展周期

正如同自然界的生命一般,行业也有它自己的生命周期。行业的生命周期指行业从出现到完全退出社会经济活动所经历的时间。行业的生命发展周期主要包括四个发展阶段:曙光期、朝阳期、成熟期和夕阳期。以时间为横轴、市场需求为纵轴,可以将以上四个时期的发展表示为一个S形曲线,如图3.3所示。其中实线表示产品的市场需求,虚线为人才的市场需求。

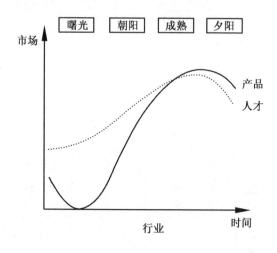

图 3.3 行业发展周期

(1)曙光期:在行业的曙光期,市场似乎突然爆发出了对产品的很大需求,很多企业如雨后春笋一样纷纷建立,但是在经过一段时间以后,很多企业赚不到钱,纷纷倒闭。这个过程就是行业的曙光期,用一条向下的斜线来表示。这个时期产品市场需求看起来很大,但是在人才需求方面处于刚刚起步的阶段,并没有明显的爆发。如2015年左右的3D打印、智能家居等行业基本处在这个时期。

(2)朝阳期:经过了曙光期的竞争和洗牌,少数企业活了下来,摸索到了比较成熟的商业模式,开始带动行业进入朝阳期,整个行业逐渐进入快速发展的时期。朝阳期的行业人才需求非常旺盛,开始快速增长,有很多的从业机会。虽然在曙光期和朝阳期市场对产品的需求都比较多,但是从人才需求量上即可看出行业处于曙光期还是朝阳期。如现在的智能手机、互联网金融、在线教育、环保、健康医疗等都处于这个时期。

(3)成熟期:经过若干年的发展后,一个行业会进入相对稳定的成熟期,这个时期产品的市场需求会保持相对稳定,人才需求也会相对稳定。有些企业的成熟期很长,如饮料、洗发水等一些日常消费品行业;有些成熟期则较短,很快会进入衰退期,如传呼机、DVD等电子产品行业。

(4)夕阳期:每个行业经过一段时间的发展,都会进入衰退期,这个时期市场需求量开始下降。然而人才的需求量会先于产品需求量下降,很多行业在衰退之前就出现了利润下滑、大量裁员的现象,这时基本可以判断该行业即将进入夕阳期。多数时候,这种情况是本行业的产品被更新、更便宜的产品取代而产生的,比如数码相机的发展,导致胶卷行业的衰退;在线媒体的兴起,让传统媒体进入了夕阳期。夕阳期行业中的企业和人也不是完全没有机会,他们可以通过整合资源或转型等方式再造第二春,获得二次成长的机会。比如传统制造业可以将自身优势与互联网结合,发展物联网,推动行业的二次发展。

3.3 认识企业与组织

企业一般是指从事生产、流通、服务等经济活动,并以产品或服务来满足社会需要,实行自主经营、自负盈亏、独立核算、依法设立的一种营利性的经济组织。从另一个角度来说,企业就是指能够提供社会成员就业的机会并获得收入,以赢利为目的、追求利润最大化的市场经济运行体。在现代社会生活中,组织是指人们按照一定的目的、任务和形式编制起来的社会集团。也就是说,组织是人们为了某一目的而形成的群体,是确保人们社会活动正常协调进行、顺利达到预期目标的体系。

企业存在四类基本组织形式:国有企业、民营企业、外资企业和政府与事业单位等。

1. 国有企业

国有企业,是指由国家或地方政府投资或参与控制的企业。它具有全民所有制性质,作为一种生产经营组织形式同时具有营利法人和公益法人的特点。即国有企业在追求国有资产的保值和增值的同时,还要兼顾国家调节民经济的目标。

从就业角度来看,国有企业具有以下特点:专业能力在国有企业中体现的作用不大;关系协调在国有企业中有一定空间;国有企业文化喜欢服从,创新速度慢;工资稳定,福利良好。

2. 民营企业

除"国有独资""国有控股"外,其他类型的企业只要没有国有资本,均属民营企业。民营企业属于自主经营、自负盈亏、自担风险的营利性经济组织。

民营企业在用人方面首先重视员工是否能够实际地帮助企业发展。业务能力、研发能力、管理能力等都是民营企业看中的。民营企业文化因企业老板管理风格不同,体现出不同的特点。不同的民营企业在薪酬待遇上差异较大,而且由于经营情况不同,同一个企业内部的薪酬也会有较大变动。

3. 外资企业

外资企业是指外国的企业、其他经济组织和个人作为投资者,依中国法律在中国境内设立的企业或机构。

外资企业因其资金与文化背景的差异,主要特点有:以人为本,尊重员工;绩效考核,重视专业能力;薪酬水平较高。

4. 政府与事业单位

政府就是于某个区域内订立、执行法律和管理的一套机构。广义的政府包括立法机关、行政机关、司法机关、军事机关。狭义的政府仅指行政机关。一个国家的政府又可分为中央政府和地方政府。

事业单位,一般指以增进社会福利,满足社会文化、教育、科学、卫生等方面的需要,提供各种社会服务为直接目的的社会组织。事业单位不以盈利为直接目的,其工作成果与价值不直接表现,或主要不表现为可以估量的物质形态或货币形态。事业单位是相对于企业单位而言的,首先事业单位包括一些有公务员工作的单位,是国家机构的分支。

不论在政府还是事业单位,工作都会比较稳定,因为这两个单位的收入来源是中央或地方财政。这些单位的特点总体和国有企业相似。当前,在事业单位谋得一个职位,仍是许多高校毕业生就业的首选。

但随着事业单位的改革力度加大,这种状况正在快速发生变化。当前,许多事业单位大力推行企业化管理、市场化运作,实行全员聘任制、绩效工资考核,取消事业编制等。

3.4 认识职能

在企业中,会划分不同的职能模块,有些企业中对这些职能模块的称呼可能是职位,而这些称呼可能会有所不同。一般来说,企业按照职能分类有以下8个基础职能:销售、市场、研发、生产和服务、客服、财务、人力资源和行政。

1. 销售

销售是企业的经济命脉,是营销组织架构的重要组成部分,其销售业绩的好坏直接影响着公司的生存发展。销售需要围绕公司的销售目标展开工作,以销售数据说话。销售需要较强的沟通能力、应变能力,抗压能力要强,要具有业务开拓能力。

2. 市场

市场是营销组织架构的另外一个部分,如果说销售是拉近产品与消费者的物理距离的话,市场则负责拉近产品与消费者之间的心理距离。市场可能会细分为产品市场,负责新产品的开发战略;市场开发,负责现有产品的定位与市场推广战略,包括价格定位和价格策略;市场宣传负责产品的具体活动,例如广告、促销、活动、产品介绍等,通过这样的手段不断激发市场需求。市场需要较强的沟通能力和策划能力。

3. 研发

研发是为了满足客户不断变化的需求,通过产品给企业带来收益和利润,使得企业保持竞争优势。在一些制造类的企业里可能会没有产品研发职能,而是会有一些工艺的研发。产品研发需要较强的专业能力,想进入这个领域需要有深厚的专业功底作为基础。

4. 生产与服务

对制造类的企业来说,以产品生产为主,主要职责是组织生产、降低消耗、提高生产率,按时保质为客户提供所需的产品。对服务类的企业咨询、心理咨询来说,以服务为主,主要职责是服务客户满足需求,达成外包的任务。生产和服务需要具备一定的专业能力,对执行力、组织协调能力要求较高。

5. 客服

客服的职能是按照要求为客户提供服务,分为售前、售中和售后服务三种类型。从广义上来说,任何能提高客户满意度的内容都属于客户服务的范围。在专门提供服务的企业中,客服和服务往往是同一个职位。客服需要较强的人际交往能力和沟通能力,同时需要较强的应变能力和关系协调能力。

6. 财务

财务职能的目标是使企业利润最大化、管理收益最大化、企业财务最大化。财务部的职能主要包括资本的融通(筹资管理)、现金的运营(财务管理)和资本运作(投资管理)三项,但国内大部分公司的财务体系都没有完全有效做到这三项。会计相关的专业和金融专业的人都可以进入财务领域。财务需要较强的专业能力、思考能力和判断鉴别能力。

7. 人力资源

人力资源的职责是对企业中各类人员进行管理。人力资源管理分为6个模块,包括战略、绩效、薪酬、招聘、培训以及员工关系。对新人来说,一般都是从一个模块开始做起,然后通过岗位轮换逐渐扩展到其他模块,最后获得职业的综合发展。人力资源需要较强的亲和力、综合处理事务的能力和风险防范能力。

8. 行政

企业行政管理广义上包括行政事务管理、办公事务管理、人力资源管理、财产会计管理4个方面;狭义上指以行政部为主,负责行政事务和办公事务,包括相关制度的制定和执行推动、日常办公事务管理、办公物品管理、文书资料管理、会议管理、涉外事务管理,还涉及出差、财产设备、生活福利、车辆、安全卫生等。行政工作的最终目标是通过各种规章制度和人为努力使部门之间或者有关企业之间形成密切配合的关系,使整个公司在运作过程中成为一个高速并且稳定运转的整体;用合理的成本换来员工最高的工作积极性,提高工作效率完成公司目标发展任务。行政需要较强的组织能力、管理能力、人际沟通能力和事务处理能力。

3.5 职业生涯人物访谈

职业生涯人物访谈是通过对目标职业的从业者进行访问、面谈、线上交流等方式,获取对该目标职业的准入条件、核心知识结构、技能素质、发展通道、福利待遇等全面的信息,帮助我们了解这一职业,获取足够的信息进行参考。访谈可以帮助我们印证以前通过其他渠道获取的信息,尤其是能够得到一些潜在信息和内心感受,是通过大众传媒和一般出版物无法获取的。通过生涯人物访谈,在校大学生还能正确认识自己的优势和不足,从而制订更加合理的大学学习、生活和实习计划。

开展职业生涯人物访谈有三个关键问题:

1. Who:找谁做职业访谈?

为了获取鲜活的、真实的职场信息,在做职业访谈的时候访谈目标应该集中在如下人群:在目标职业中工作1~2年、3~5年以及5年以上的数名从业者,既与成绩卓然者谈,也与默默无闻者谈,效果会更好。

2. Why:为什么要做职业访谈?

为你找工作或选专业获得有价值的信息。对你从书上看到、道听途说和自己想象的道理进行一次实践的检验,是非常有用的。了解某个特定领域或行业,你将如何适应它,它目前存在哪些问题(或机会),如果你要申请某个特定职位,这些信息将帮助你调整自己的努力方向,让自己更符合工作的要求。提高面试技能——通过和专业人士聊天,谈论你自己,包括你的职业兴趣。扩展你在某个领域的专家人脉。记住,你的工作来自你认识的人!建立人脉,越早越好。认识更多的人,例如,你可以在会谈结束时说:"我还想跟其他人聊聊这个领域的工作,您能向我推荐一些合适的人吗?"

3. How:怎样做访谈?

【采访前】

①确定采访主题(了解从业人员的相关职业信息)。

②了解被采访者信息。

③采访工具:纸、笔、录音工具(征得访谈者同意的情况下)。

④相关资料:所采访职业的相关信息。

⑤个人自我介绍以及访谈目的。

⑥列出采访提纲,可参考访谈问题举例。

【采访中】

①介绍自己及访谈目的。

②根据访谈提纲进行采访,做好记录。

③注意礼仪(听别人把话说完;给对方拍照要得到允许;采访后表示感谢等)。

【采访后】

①及时整理材料。

②做好访谈总结。

【访谈问题举例】

①背景:您是怎样进入这个领域的?您的教育背景是什么?怎样的教育背景或工作经验对进入该领域会有帮助?

②工作环境:您的日常职责有哪些?工作条件怎样?该领域要用到哪些能力?

③问题:您工作中遇到最棘手的问题是什么?整个行业面临着什么问题?已经采取了哪些措施来解决这些问题?

④生活方式:工作之余,您还需要尽什么义务?在着装、工作时间、假期方面的灵活性是怎样的?

⑤收获:除了薪酬,您认为从事该工作最大的收获是什么?

⑥薪酬:入职新人的薪酬水平是怎样的?有哪些额外补贴?有哪些其他的福利(如分红、保险、佣金)?

⑦发展空间:您今后几年的规划和长远规划是什么?

⑧晋升:晋升空间大吗?一个人怎样从基层升至高层?跳槽的员工多吗?该公司的升职制度是什么?最后一个从事该职位的人会怎样?过去5年有多少人从事了该职位?怎样考核员工?

⑨行业:您认为今后3至5年该行业的发展趋势是什么?该公司的前景怎

样?影响该行业的因素有哪些(如经济形势、财政支持、气候、供货)?

⑩需求:该工作的招聘人员是怎样的?哪里有这样的工作?还有哪些其他领域的工作和您的工作相关?

⑪招聘决定因素:招聘该职位的员工,最重要的因素是什么(如教育背景、个人经历、个人性格、特殊技能)?您所在部门谁有人事决策权?谁监督老板?当我做好了申请准备,我该联系谁?

⑫求职市场:人们通常怎样进入您的领域?通过报纸广告、网络、熟人介绍?

⑬建议:我的个人情况和该领域匹配度怎样?当时机来临时,我该怎样找到一份该领域的工作?您建议我做什么准备,带薪实习还是无薪实习?您对改善我的简历有哪些建议?

⑭介绍其他信息源:您能向我推荐需要经常阅读的行业杂志吗?可以去哪些机构获取我需要的信息?

⑮你的熟人中有谁能做我下次的采访对象吗?当我打电话给他的时候,可以提您的名字吗?

4 大二下

生涯发展能力拓展

4　大二下　　生涯发展能力拓展

纸上得来终觉浅,绝知此事要躬行。

——陆　游

健 康 管 理

	是	不确定	否
1. 你是否抽烟?			
2. 你是否每天喝酒?			
3. 你经常吃蔬菜吗?			
4. 你每天都吃肉吗?			
5. 你喜欢吃熏、脂制食品吗?			
6. 你经常吃水果吗?			
7. 你喜欢吃甜食吗?			
8. 你喜欢吃咸的菜吗?			
9. 你在每次吃饭前都有饥饿感吗?			
10. 你小便的次数是否比他人多?			
11. 你是否经常咳嗽、痰多或胸痛?			
12. 你白天辛勤劳动后,晚上能快速入睡吗?			
13. 你的头颈是否明显比别人粗并容易出汗?			
14. 你是否在不断消瘦?			
15. 你是否至少早晚刷两次牙?			
16. 你的指甲和眼结膜是否显淡白色?			
17. 你是否很少洗手?			
18. 你是否每天大便一次?			
19. 你的牙、鼻是否经常出血?			
20. 每次感冒,你是否必须服药才会好?			
21. 你每天运动吗?			
22. 你是否每天看电视超过一个小时?			
23. 你是否明显超重?			
24. 你定期检查身体吗?			

评分标准:1~14题,选择"是"记1分,选择"不确定"记2分,选择"否"记3分;15~24题,选择"是"记 分,选择"不确定"记2分,选择" 否"记1分。结果说明:63~72分,表明你的身体健康状况很好;43~62分,表明你的身体健康状况一般;22~42分,表明你的身体健康状况较差。

情绪管理

美国著名心理学家埃利斯提出的情绪 ABC 理论认为,情绪产生的直接原因是人对事件的信念,事件本身只是引发情绪和行为后果的间接原因,而直接原因是个体对事件的认知和评价而产生的信念。现实生活中,我们不良情绪的原因大多是由于一些不合理信念,请看生涯阅读4.2。

教练技术中的"换框"法着力于帮人们改变感知世界的框架,以相信人有能力解决自己的任何问题为基础,重新解释问题,找到解决方案。换框的核心——聚焦目标、关注正向价值。

聚焦目标:从问题框架转向结果框架,用"想要什么"替代"不想要什么",从而人的视角转向积极、正向,并聚焦达成结果的资源。例如,"我不想被别人指责"换框为"我如何获得称赞"。

关注正向价值:从失败框架转向反馈价值框架。例如"我这次工作完成得很不完美"换框为"这次工作我有了一次有益的探索"。

情绪管理练习

在下面的表格内,把近期引发你情绪波动的事情记录下来(按时间顺序或重要性来排列均可),按照等级为每件事进行评分。

10＝感觉完美　9＝感觉很美好　8＝感觉棒极了　7＝感觉很好　6＝感觉还不错　5＝没有什么感觉　4＝感觉不大好　3＝感觉很差　2＝简直糟糕透了　1＝这是我这辈子最糟糕的一件事

客观事实	感受评分	事情发生时主要想法和念头	不合理信念	换框

坚持这项练习。通过持续记录,觉察哪些事情会让你感觉很棒,哪些事情易引发你的消极情绪,识别自己的不合理信念,做好情绪管理。

时 间 管 理

一、寻找我的高效时间

根据自己的生物钟,给自己的学习效率评分,在图中画出自己一天中的学习效率曲线。

```
学
习    │
效    │
率    │
      └─────────────────→ 时间
```

我的高效时间段是＿＿＿＿＿＿＿＿＿＿＿＿＿＿＿＿＿＿＿＿＿＿＿＿

我的低效时间段是＿＿＿＿＿＿＿＿＿＿＿＿＿＿＿＿＿＿＿＿＿＿＿＿

根据80/20法则和学习效率时间段分布情况,调整自己的日常学习任务安排。

二、时间管理矩阵

	紧急	不紧急
重要		
不重要		

小贴士——高效能人士的时间分布图

	紧急	不紧急
重要	20%～25%	65%～80%
不重要	10%～15%	<1%

人际沟通

研究表明,人际关系不和谐的大学生,其个人的成才及其未来的社会成就会因此而受到严重的影响。及时地诊断并采取必要的措施予以治疗,是消除大学生人际关系方面心理障碍的较好途径。以下给出的是郑日昌等编制的人际关系综合诊断量表。

大学生人际关系综合诊断自测量表

【指导语】

这是一份人际关系行为困扰的诊断量表,共 28 个问题,在每个问题上,选"是"的打"√",计 1 分;选"非"的打"×",计 0 分。请你认真完成,然后对照后面对测验结果做出的解释,检查自己的人际关系是否和谐。

【问卷】

1. 关于自己的烦恼有口难言。
2. 和生人见面感觉不自然。
3. 过分地羡慕和嫉妒别人。
4. 与异性交往太少。
5. 对连续不断的会谈感到困难。
6. 在社交场合感到紧张。
7. 时常伤害别人。
8. 与异性来往感觉不自然。
9. 与一大群朋友在一起,常感到孤寂或失落。
10. 极易受窘。
11. 与别人不能和睦相处。
12. 不知道与异性相处如何适可而止。
13. 当不熟悉的人对自己倾诉他的生平遭遇以求同情时,自己常感到不自在。
14. 担心别人对自己有什么坏印象。
15. 总是尽力使别人赏识自己。
16. 暗自爱慕异性。
17. 时常避免表达自己的感受。
18. 对自己的仪表(容貌)缺乏信心。
19. 讨厌某人或被某人讨厌。

20. 瞧不起异性。

21. 不能专注地倾听。

22. 自己的烦恼无人可申诉。

23. 受别人排斥与冷漠。

24. 被异性瞧不起。

25. 不能广泛地听取各种意见、看法。

26. 自己常因受伤害而暗自伤心。

27. 常被别人谈论、愚弄。

28. 与异性交往不知如何更好地相处。

【测查结果的解释与辅导】

如果你得到的总分在0~8分之间,那么说明你在与朋友相处上的困扰较少。你善于交谈,性格比较开朗,主动关心别人,你对周围的朋友都比较好,愿意和他们在一起,他们也都喜欢你,你们相处得不错。而且,你能够从与朋友相处中得到很多乐趣。你的生活是比较充实而且丰富多彩的,你与异性朋友相处得很好。一句话,你不存在或较少存在交友方面的困扰,你善于与朋友相处,人缘很好,获得许多人的好感与赞同。

如果你得到的总分是在9~14分之间,那么,你与朋友相处存在一定程度的困扰。你的人缘很一般,换句话说,你和朋友的关系并不牢靠,时好时坏,经常处在一种起伏不定的状态之中。

如果你得到的总分是在15~28分之间,那就表明你在同朋友相处上的行为困扰较严重;分数超过20分,则表明你的人际关系的行为困扰程度很严重,而且在心理上出现较为明显的障碍。你可能不善于交谈,也可能是一个性格孤僻的人,不开朗,或者有明显的自高自大、讨人嫌的行为。

(【资料来源】拓维文化编:《大学生心理问题调查》,中国纺织出版社,2000年版,第180~182页。)

你平时和父母、老师、同学的沟通如何？遇到过什么样的困难？你是如何解决的？
如何培养自己的沟通能力？

恋 爱 观

古人云："以利交者,利尽则散;以色交者,色衰则疏。"因此,树立健康的恋爱观、婚姻观是幸福婚姻的主要保障。它需要通过不断加强思想意识修养,陶冶情操来促进。那么就其具体内容说,什么样的恋爱观是理想的或基本正确的?怎样判断自己的恋爱观是否正确?这里向大家推荐一种恋爱观自测的方法。量表是共有17分问题的答卷。

每一个问题的下面,都有四种不同的选择,请你在符合自己想法的那个字母上打"√",每题只选一种答案。

1. 你想象中的爱情是:
A. 具有令人向往的浪漫色彩(2)
B. 能满足自己的情欲(1)
C. 使人振奋向上(3)
D. 没想过(0)

2. 你希望同你恋人的结识是这样开始的:
A. 在工作和学习中逐渐产生爱情(3)
B. 青梅竹马(2)
C. 一见钟情也未尝不可(1)
D. 随便(1)

3. 你对未来妻子的主要要求是:
A. 别人都称赞她的美貌(1)
B. 善于理家(2)
C. 顺从你的意见(1)
D. 能在多方面帮助自己(3)

4. 你对未来丈夫的主要要求是:
A. 有钱或有地位(0)
B. 为人正直、有事业心(3)
C. 不嗜烟,体贴自己(2)
D. 英俊、有风度(1)

5. 认为完美的结合应是:
A. 门当户对(1)
B. 郎才女貌(1)
C. 心心相印(3)

D. 情趣相投(2)

6. 你认为巩固爱情的最好途径是：

A. 满足对方物质要求(1)

B. 柔情蜜意(0)

C. 对爱人言听计从(2)

D. 完美自己(3)

7. 在下列格言中，你最喜欢的是：

A. 生命诚可贵，爱情价更高(2)

B. 爱情的意义在于帮助对方，同时也提高自己(3)

C. 有福同享，有难同当(2)

D. 为了爱，我什么都愿意干(1)

8. 你希望恋人同你在兴趣爱好上：

A. 完全一致(1)

B. 虽不一致，但能相互照应(2)

C. 服从自己的兴趣(0)

D. 互不干涉(3)

9. 当你发现爱人的缺点时，你的态度是：

A. 无所谓(1)

B. 嫌弃对方(0)

C. 内心十分痛苦(2)

D. 帮他(她)改进(3)

10. 你对恋爱中的曲折怎么看：

A. 最好不要出现(1)

B. 自认倒霉(2)

C. 想办法分手(0)

D. 把它作为对爱情的考验(3)

11. 对你家庭的向往是：

A. 能同爱人天天在一起(2)

B. 人生归宿(1)

C. 能享天伦之乐(1)

D. 激励对生活的新追求(3)

12. 自己有一位异性朋友时，你将：

A. 告诉恋人，在其同意下继续交往(3)

B. 让恋人知道，但不准干涉(2)

C. 不告诉(1)

D. 告诉与否看恋人的气量态度而定(1)

13. 另一位异性比恋人条件更好,且对自己有好感:

A. 讨好对方,想法接近(0)

B. 保持友谊,说明情况(3)

C. 持冷静态度(2)

D. 听之任之(1)

14. 当你迟迟找不到理想的恋人时:

A. 反省自己的择偶标准是否实际(3)

B. 一如既往(1)

C. 心灰意冷,甚至绝望(0)

D. 随便找一个(1)

15. 当你所爱的人不爱你时:

A. 愉快地同他(她)分手(3)

B. 毁坏对方名誉(0)

C. 千方百计缠住对方(1)

D. 不知所措(1)

16. 你的恋人对你以不道德的理由而变心时,你会:

A. 报复(0)

B. 散步对方缺点(1)

C. 只当自己没看准(2)

D. 吸取教训(3)

17. 当发现恋人另有所爱时:

A. 更加热烈地求爱(1)

B. 想法拆散他们(0)

C. 若他(她)们尚未确定关系就竞争(3)

D. 主动退出(2)

将每一打"√"字母后的数字相加,总分在46分以上说明你的恋爱观正确,总分在42分以上说明你的恋爱观基本正确,总分在42分以下说明你的恋爱观需要调整。

【资料来源】董广杰主编:《大学生心理健康教育与应用》,中国纺织出版社,2004年版,第191~195页。

团队合作

一个团队一般至少有两项基本目标:完成任务和维护成员间合作融洽的关系。为能成功完成任务,成员们需提供任务行为,包括获得、组织、总结、协调各种信息;为维护成员间良好的工作关系,成员们需提供一定的维护行为,如互相鼓励参与团队行为、促进彼此交流、认真听取他人意见等。

通常人们认为这只是团队领队的事情,其他成员只需完成自己本职工作即可。但事实上,在一个高效的团队中,每个成员都会主动执行上述行为。

以下测验能帮助你检查自己是否具有团队合作技巧。以下每一项都陈述了一种团队行为,根据自己表现这种行为的频率在相应的方框中打√。

当我是小组成员时:

	总是这样	经常这样	有时这样	很少这样	从不这样
1.我提供事实和表达自己的观点、意见、感受和信息以帮助小组讨论(提供信息和观点者)					
2.我从其他小组成员那里征求事实、信息、观点、意见和感受以帮助小组讨论(寻求信息和观点者)					
3.我提出小组后面的工作计划,并提醒大家注意需完成的任务,以此把握小组的方向。我向不同的小组成员分配不同的责任(方向和角色定义者)					
4.我集中小组成员所做的相关观点或建议,并总结、复述小组所讨论的主要论点(总结者)					
5.我带给小组活力,鼓励小组成员努力工作以完成我们的目标(鼓舞者)					
6.我要求他人对小组的讨论内容进行总结,以确保他们理解小组决策,并了解小组正在讨论的材料(理解情况检查者)					
7.我热情鼓励所有小组成员参与,愿意听取他们的观点,让他们知道我珍视他们对群体的贡献(参与鼓励者)					

续表

	总是这样	经常这样	有时这样	很少这样	从不这样
8. 我利用良好的沟通技巧帮助小组成员交流,以保证每个小组成员明白他人的发言(促进交流者)					
9. 我会讲笑话,并会建议以有趣的方式工作,借以减轻小组成员的紧张感,并增加大家一同工作的乐趣(释放压力者)					
10. 我观察小组成员的工作方式,利用我的观察去帮助大家讨论小组如何更好地工作(进程观察者)					
11. 我促进有分歧的小组成员进行公开讨论,以协调思想,增进小组凝聚力。当成员们似乎不能直接解决冲突时,我会进行调停(人际问题解决者)					
12. 我向其他成员表述支持、接受和喜爱,当其他成员在小组中表现出建设性行为时,我给予适当的赞扬(支持者与表扬者)					

计分规则:

5 分:总是这样

4 分:经常这样

3 分:有时这样

2 分:很少这样

1 分:从不这样

以上 1~6 题为一组,7~12 题为一组,将两组的得分相加对照下列解释:

(6,6)只为完成工作付出了最小的努力,总体上与其他小组成员十分疏远,在小组中不活跃,对其他人几乎没有任何影响。

(6~18,18~30)你十分强调与小组保持良好关系,为其他成员着想,帮助创造舒适、友好的工作气氛,但很少关注如何完成任务。

(18~30,6~18)你着重于完成工作,却忽略了维护关系。

(18~30,18~30)你努力协调团队的任务与维护要求,终于达到了平衡。你应继续努力,创造性地结合任务与维护行为,以促成最优生产力。

(30,30)祝贺你,你是一位优秀的团队合作者,并有能力领导一个小组。当然,一个团队的顺利运行除了以上两种行为之外,还需要许多别的技巧,但这两种最基本,且较易掌握。

如果你得分比较低,也不要气馁,只要参照上面的做法,就会有所提高。

财务管理

理财能力是未来生活的必备技能之一,财务管理从管理好每月的生活费开始。

收入项目	金额/元	所占收入比重/%	是否为固定收入	备注
家庭供给				
勤工俭学				
企业实习				
贷款				
特困补助				
奖助学金				
其他				

支出项目	金额/元	所占支出比重/%	是否为固定支出	备注
伙食费				
书本文具费				
服装费				
交通费				
社交费				
通信费				
其他				

自我效能

在做一件事之前,是否确信自己能很好地完成这件事?对自己能否完成某件事的预测,即称为自我效能。自我效能对于事情成败的影响力,常常比能力、经验等因素的影响力更强。因为,有意识地提高自我效能,是促进自我管理、生涯发展的有力武器。

请仔细阅读下面的一些描述,每个描述后有四个选项,请根据真实情况,在最符合的一项上打√。

	完全符合	多数符合	有些符合	完全不符合
如果我尽力去做的话,我总是能够解决问题的				
即使别人反对,我仍有办法取得我想要的				
对我来说,坚持理想和达成目标是轻而易举的				
我自信能有效地应付任何突如其来的事情				
以我的才智,我定能应付意料之外的情况				
如果我付出必要的努力,我一定能解决大多数的难题				
我能冷静地面对困难,因为我可信赖自己处理问题的能力				
面对一个难题时,我通常能找到几个解决方法				
有麻烦的时候,我通常能想到一些应付的方法				
无论什么事在我身上发生,我都能够应付自如				

计分方法:

完全符合 4 分;多数符合 3 分;有些符合 2 分;完全不符合 1 分。

分数越高说明自信心越强,即自我效能感越高。

1~10 分:自信心很低,甚至有点自卑,建议经常鼓励自己,相信自己,正确对待自己的优点和缺点,学会欣赏自己。

11~20 分:自信心偏低,有时候会感到信心不足,找出自己的优点,欣赏自己。

21~30 分:自信心较高。

31~40 分:自信心非常高,但要注意正确看待自己的缺点。

领 导 力

每个学生都有潜力成为未来领袖。95%的领导力来自后天的培养和练习。

世界领导力大师约翰·麦克斯维尔,对领导力需要遵循的法则进行归纳总结,写成了《领导力21法则》一书。作为领导以及具有领导潜力的你,每条法则是否都能够出色做到?或许你还不太了解自己在各个方面的能力水平,那么请通过以下领导力测试题,测一测自己的领导力水平吧。

读下文中的各个句子,看看在多大程度上与你自己的实际情况比较匹配,依据下面的打分规则给每句话打分。

0分:从不这样;1分:很少这样;2分:偶尔这样;3分:总是这样

1. 盖子法则:领导力决定一个人的办事效力

____在面临挑战时,我首先想到的是"我可以找谁帮忙"而不是"我能做什么"。

____当我所在的团队、部门或者组织未能完成既定的目标时,我首先会觉得可能是在领导力方面出现了问题。

____我认为提升领导能力能够大大提升我的工作效率。

计算总分:____

2. 影响力法则:衡量领导力的真正尺度是影响力

____我依靠影响力而不是自己的职位或头衔去让别人追随我或者让别人按照我的要求去做。

____在头脑风暴或者讨论时,人们会来询问我有什么建议。

____我做事情依靠的是自己跟他人的关系,而不是组织既有的体系和流程。

计算总分:____

3. 过程法则:领导力的提升是日积月累的结果,而非一日之功

____我有一个具体明确的个人成长计划,而且会每周跟进。

____在生活中关键的领域,我已经为自己找到了一些专家和导师,并会定期向他们请教。

____为了促进自身的职业发展,在过去的3年里,我每年至少会读6本书(或者至少参加一次很有价值的培训或者收听12节甚至更多的音频视频课程)。

计算总分:____

4. 导航法则:谁都可以掌舵,唯有领导者才能设定航线

____我能够发现可能影响组织行动结果的问题、障碍和发展趋势。

____我能够清楚地看到实现某种愿景的路径,不仅包括相应的过程,而且包括所需的人力和资源。
　　____组织会依赖我拟订行动规划。
　　计算总分:____

5. 增值法则:领导者为他人提升价值
　　____当团队成员遇到阻碍他们有效完成工作的问题时,我不仅不会为此苦恼,而且会觉得这是一个服务和帮助他人的机会。
　　____我会想办法让事情的发展有利于我所领导的人。
　　____帮助他人取得更大的成功能够带给我巨大的满足感。
　　计算总分:____

6. 根基法则:信任是领导力的根基所在
　　____即便遇到敏感问题我所领导的人也会信任我。
　　____当我对组织内的某个人说我要做某件事情的时候,他可以信赖我,因为我会说到做到。
　　____我不会给别人使坏或者背后对别人说三道四。
　　计算总分:____

7. 尊重法则:人们通常愿意追随比自己强的领导者
　　____人们愿意向我靠拢,经常想跟我一起做事,因为他们喜欢跟我在一起。
　　____我会尽一切可能向我所领导的人表示尊重和忠诚。
　　____我会做出鼓舞人心的决定,即便对我没什么好处,我也愿意冒险为我的追随者争取利益。
　　计算总分:____

8. 直觉法则:领导者善用领导直觉评估每件事
　　____我看人很准,无论是在坐满人的会议室里还是在一个团队或者一个组织内。
　　____作为领导者我经常能够采取正确的行动,甚至我自己也无法解释为什么会这样。
　　____我能够看透现状和感知趋势,根本不需要为此去寻找什么证据。
　　计算总分:____

9. 吸引力法则:你只能吸引和你相似的人
　　____我对下属的能力非常满意。
　　____我希望自己吸引的人在价值观、技能和领导能力方面都会跟自己比较相似。
　　____我意识到,要想提升我所招聘人员的质量,最好的办法就是先提升自己,其他的任何人才招聘流程都无法跟这种办法相媲美。

计算总分：____

10. 亲和力法则：领导者深知，得人之前必先得其心

____每当在一种新情境下担任领导者时，我首先会尝试去做的事情之一就是跟相关的人员建立个人联系。

____我了解我所领导的人有哪些故事、有什么样的希望和梦想。

____除非我跟对方已经建立了超越工作内容的个人联系，否则我不会请求对方帮助我完成某个使命或者实现某种愿景。

计算总分：____

11. 核心圈法则：一个领导者的潜力，由最接近他的人决定

____在决定什么人可以跟我走得比较近时，无论是从个人层面还是从职业层面讲，我都会非常谨慎，而且会很有策略。

____我经常会依赖自己生活中比较关键的几个人帮我完成既定的目标。

____我认为我的成功有至少一半的功劳要归于我团队中的其他成员。

计算总分：____

12. 授权法则：有安全感的领导者才会授权予人

____我会热情地拥抱改变，维持现状会让我觉得很不舒服。

____在我看来，不管为我工作的人多么富有天赋，我的职位都是安全的。

____我经常会授权我的下属去做决定和承担风险。

计算总分：____

13. 镜像法则：看到别人怎么做，大家也会怎么做

____如果我发现团队成员的某些行动或工作成果不是我希望看到的，我会首先从自身找原因，然后再去跟他们谈。

____我会时刻注意尽量让自己的言行保持一致。

____我会做自己该做的事情，而不是想做的事情，因为我很清楚我是在为他人做出榜样。

计算总分：____

14. 接纳法则：人们先接纳领导者，然后接纳他描绘的愿景

____我知道，信任的缺失对组织的伤害跟愿景的缺失带来的伤害一样严重。

____我会等到团队里的大部分成员都已对我充满信心时才会要求他们承诺致力于实现某个愿景。

____即便我的主意并不是非常好，我的人也愿意站在我这边。

计算总分：____

15. 制胜法则：领导者为他的团队找出一条制胜之路

____当我领导一个团队时，我会认为团队是否能实现既定的目标完全要由我来负责。

____如果我的团队成员不能为了一个共同的愿景携手共进,我会采取行动让他们回到正确的轨道上来。

____为了确保团队、部门或组织的成功,我自己愿意做出牺牲。

计算总分:____

16. 动势法则:动势是领导者最好的朋友

____为了团队成员,我会每天都充满热情,始终保持积极的姿态。

____每当我做出关键的领导决策时,我都会考虑这个决定将如何影响团队、部门或组织的士气。

在介绍某个新事物或存在争议的事宜时,我都会采取旨在激发士气的特别行动。

计算总分:____

17. 优先次序法则:领导者明白,忙碌不一定等于成效

____我会尽量避免这样的任务:不在我的领导职责内、无法带来有形的回报、对我个人没好处。

____我会基于自己设定的优先级安排我每天、每月或每年的日程和计划。

____只要我的团队成员的做事效率不低于我自己的80%,我就会授权他们去做。

计算总分:____

18. 舍得法则:领导者必须先"舍"后"得"

____我知道权衡和取舍是领导力发展的必然组成部分,只要不违背我的价值观,我愿意做出必要的牺牲,以便让自己成为一名更优秀的领导者。

____为了实现既定的愿景,我可以比别人付出得更多。

____为了激发自己作为领导者的潜能,我愿意放弃一些权利。

计算总分:____

19. 时机法则:掌握时机与善用策略同样重要

____我愿意拿出时间搞清楚行动的最佳时机,因为我觉得时机跟策略一样重要。

____我会利用一个并非理想的策略启动某件事情,因为我知道时机是对的。

____我能够感觉到人们是否做好了接受某个想法的准备。

计算总分:____

20. 爆炸性倍增法则:培养追随者,得到相加的效果;培养领导者,得到倍增的效果

____我认为,要想让组织发展得更快,最有效的做法就是在组织内培养领导者。

____每周我都会拿出大量的时间用于培养排在前20%的领导者。

____我宁愿看到我培养的领导者自己去获得成功,而不是把他们留在我的身边,以便时刻辅导他们。

计算总分:____

21. 传承法则:一个领导者的长久价值由其继承者决定

____我会强烈地感受到自己为什么会从事这样的工作以及为什么会在领导他人。

____在我待过的每一个岗位上,我都找到了可以继往开来的人,而且我都在他们身上倾注了心血。

____我最大的动力之一就是把每一个团队都带上一个新的高度,让它比我刚介入其中时变得更强大、更高效。

计算总分:____

现在,你已经完成了测评,针对每条法则确定你的优势和不足。利用下面的指导原则帮助你继续前行。

8~9分:这条法则是你的强项,充分发掘你在这方面的才能并对他人进行辅导。

5~7分:把这条法则列为需要提升的重点。你完全有可能把它变成你的强项。

0~4分:这条法则是你的弱项。聘请在这方面比较强的人加入你的团队或者与在这方面比较强的人结成合作伙伴。

4　大二下　　生涯发展能力拓展

 能力提升计划

生涯能力	预期目标	行动策略	实施效果与调整

知是行之始,行是知之成。

——王阳明

第4学期梦想清单

它们可以很抽象,也可以很具体;可以很伟大,也可以很平凡;可以很严肃,也可以很活泼。请梳理你的想法,列一张自己的学期梦想清单。

第4学期学业规划

个人学业规划是对教学计划内课程和课外课程的学习目标进行规划。

类别	课程名称	预期目标	行动计划
公共课			
专业课			
选修课			
技能操作			
课外学习			

4 大二下   生涯发展能力拓展

 第4学期课程表

时间	星期一	星期二	星期三	星期四	星期五	星期六	星期日

第4学期成长规划

大学生在大学期间要养成健康的生活习惯,培养健康的兴趣爱好,建立良好的人际关系,树立正确的爱情观,要在专业学习上积累知识,同时为下一阶段步入职场做准备,积极参加各种学生活动与社会实践,锻炼自己各方面的能力。

学期成长规划主要从学习进修、职业发展、人际交往、个人情感、身心健康、休闲娱乐、财务管理、家庭生活、服务社会等全面发展的角度进行规划。

学习进修	职业发展	人际交往
个人情感	身心健康	休闲娱乐
财务管理	家庭生活	服务社会

4 大二下 生涯发展能力拓展

 第1月月计划

理想的实现是一个循序渐进的过程,它必须一步一个脚印,脚踏实地地去行动。因此,我们要学会把中长期目标分解细化成若干个小的短期目标,实施具体的行动计划和步骤,一步步靠近理想。请根据学期成长规划和学业规划在每个月第一天制订月目标和月计划。

目标	预期成效	完成时间	行动策略

第 1 月月记录

月　日 ~ 月　日

星期一	星期二	星期三	星期四	星期五	星期六	星期日

本月重要事项

本月习惯养成训练

第 1 周满意度 ☆☆☆☆☆
第 2 周满意度 ☆☆☆☆☆
第 3 周满意度 ☆☆☆☆☆
第 4 周满意度 ☆☆☆☆☆
第 5 周满意度 ☆☆☆☆☆

第1月月复盘

生涯发展是一个动态的过程,一些不确定的因素会使原来制订的计划与现实情况有所偏差,阶段性总结、反思、评估、修正,有助于我们及时调整生涯规划。

本月满意度评估(1~10分):_____

满意完成事项:_____

复盘没有完成的事

寻找障碍背后的深层理由

找到下个月的提升点

第2月月计划

理想的实现是一个循序渐进的过程,它必须一步一个脚印,脚踏实地地去行动。因此,我们要学会把中长期目标分解细化成若干个小的短期目标,实施具体的行动计划和步骤,一步步靠近理想。请根据学期成长规划和学业规划在每个月第一天制订月目标和月计划。

目标	预期成效	完成时间	行动策略

4 大二下　　生涯发展能力拓展

 第 2 月月记录

　　　　　　　　　　　　　　　　　　　　　　　　月　日~ 月　日

星期一	星期二	星期三	星期四	星期五	星期六	星期日

本月重要事项

本月习惯养成训练

第 1 周满意度 ☆☆☆☆☆
第 2 周满意度 ☆☆☆☆☆
第 3 周满意度 ☆☆☆☆☆
第 4 周满意度 ☆☆☆☆☆
第 5 周满意度 ☆☆☆☆☆

第 2 月月复盘

生涯发展是一个动态的过程,一些不确定的因素会使原来制订的计划与现实情况有所偏差,阶段性总结、反思、评估、修正,有助于我们及时调整生涯规划。

本月满意度评估(1~10分):_____

满意完成事项:_____

复盘没有完成的事

寻找障碍背后的深层理由

找到下个月的提升点

第3月月计划

理想的实现是一个循序渐进的过程,它必须一步一个脚印,脚踏实地地去行动。因此,我们要学会把中长期目标分解细化成若干个小的短期目标,实施具体的行动计划和步骤,一步步靠近理想。请根据学期成长规划和学业规划在每个月第一天制订月目标和月计划。

目标	预期成效	完成时间	行动策略

第 3 月月记录

月　日~　月　日

星期一	星期二	星期三	星期四	星期五	星期六	星期日

本月重要事项

本月习惯养成训练

第 1 周满意度 ☆☆☆☆☆
第 2 周满意度 ☆☆☆☆☆
第 3 周满意度 ☆☆☆☆☆
第 4 周满意度 ☆☆☆☆☆
第 5 周满意度 ☆☆☆☆☆

4　大二下　　生涯发展能力拓展

 第 3 月月复盘

　　生涯发展是一个动态的过程，一些不确定的因素会使原来制订的计划与现实情况有所偏差，阶段性总结、反思、评估、修正，有助于我们及时调整生涯规划。

本月满意度评估(1～10 分)：_____

满意完成事项：_____

复盘没有完成的事

寻找障碍背后的深层理由

找到下个月的提升点

第4月月计划

理想的实现是一个循序渐进的过程,它必须一步一个脚印,脚踏实地地去行动。因此,我们要学会把中长期目标分解细化成若干个小的短期目标,实施具体的行动计划和步骤,一步步靠近理想。请根据学期成长规划和学业规划在每个月第一天制订月目标和月计划。

目标	预期成效	完成时间	行动策略

4 大二下　　生涯发展能力拓展

 第4月月记录

月　日~月　日

星期一	星期二	星期三	星期四	星期五	星期六	星期日

本月重要事项

本月习惯养成训练

第1周满意度☆☆☆☆☆
第2周满意度☆☆☆☆☆
第3周满意度☆☆☆☆☆
第4周满意度☆☆☆☆☆
第5周满意度☆☆☆☆☆

第4月月复盘

生涯发展是一个动态的过程,一些不确定的因素会使原来制订的计划与现实情况有所偏差,阶段性总结、反思、评估、修正,有助于我们及时调整生涯规划。

本月满意度评估(1~10分):_____

满意完成事项:_____

复盘没有完成的事

寻找障碍背后的深层理由

找到下个月的提升点

第4学期末评估与总结

还记得学期初制订的个人学业规划和成长规划吗?
现在请回顾经过这一个学期你的目标完成情况。

学期总结表

目标	完成情况	主观原因/客观原因	调整与改进	反思总结

对于第4学期,你的总体满意度是多少分?(1~10分)

第4学期什么事让你感到特别有成就感?把这些事写下来并给自己一个奖励吧。

第4学期你最大的收获是什么?

本学期你支持了谁?帮助了谁?

本学期你最想感激的人是谁?为什么?

本学期有哪些遗憾?你准备如何改进和提高?

假期记录与总结

假期是一段很有意义的时光,会有更多的时间去充实和丰富自己。
看看你的梦想地图,哪些梦想你希望在假期里实现。
把这些目标填进表格里,并列出具体的行动策略。
一件件去完成吧!

目标	行动策略	完成情况	反思总结

假期结束了,这个假期你过得怎么样?总体满意度是多少分?(1~10分)

对于这个假期,你做的最有价值的事情是什么?

对于这个假期,你最大的收获是什么?

对于这个假期,有哪些遗憾?你准备如何改进和提高?

新学期就要开始了,你有什么新的目标呢?

4 大二下　　生涯发展能力拓展

 生涯阅读

4.1 情绪管理

在日常生活中,每天都会遇到不同的事情,考试考得不满意,你会沮丧;和同学发生了口角,你会觉得愤怒又有些低落……那么察觉到这些情绪产生了以后,该怎样来调节呢?下面介绍五种常用的情绪调节方法。

1. 培养积极情绪

积极情绪和消极情绪是此消彼长的。当你被消极情绪困扰,可以用以下的小方法感受积极情绪,消极情绪可以得到缓解甚至被积极情绪取代。

① 写一封感谢信,并亲自把它送出去。

② 每天睡觉时,写下当天"三件感恩的事情",并总结原因。坚持一周。

③ 每天记录下当天发生的"三件感觉不错的事情",并解释为什么感觉不错。坚持一周。

④ 以"我是最棒的"为主题,根据一件事情写一个故事,展现出你最好的一面,第二天温习这个故事。坚持一周。

2. 注意力转移

把注意力从引起不良情绪的事情转移到其他事情上,不让自己陷进消极情绪的漩涡中。可以通过改变关注的焦点来转移注意力。当自己情绪不好时,可以做一些自己平时感兴趣的事,使自己从消极情绪中解脱。把久置未动的画笔拿出来画个画,给阳台上养的花浇下水,收拾下凌乱的房间等等都是不错的良方。

还可以通过改变环境来转移注意力。当自己情绪不理想时,到室外走一走,到风景优美的环境中玩一玩,会使人忘却烦恼,精神振奋。想象一下,在阳光灿烂、生机勃勃的公园里散步,头顶是悠悠的白云,脚下是青青草地,旁边的孩童在嬉闹,一阵和风携面而过,你会突然感受到世界的多彩和美好,觉得原来自己的烦恼是那么渺小,情绪会平和许多。

3. 呼吸调节

人在情绪激动的时候,呼吸通常会较为急促。此时做几次深呼吸,有助于放松情绪、集中注意力,这就是呼吸调节法。当你情绪低落时,它可以让你慢慢积极起来;在你情绪愤怒时,它也可让你逐渐恢复平静。呼吸调节法具体做法如下:

①全身放松。

②先把气从嘴巴和鼻子慢慢吐出来,边吐边使腹部凹进去。待空气完全吐出后,再慢慢从鼻子吸进空气,让腹部渐渐鼓起。

③吸足气后,暂停呼吸,然后再从鼻子轻轻吐气,并让腹部凹进去。

④在练习时,还可以边吐气边默数:"1,2,3,4,…,10"数到10时再从1重新开始数,这样注意力会集中到数数上,分散了对情绪的关注。

4. 适当表达

把不愉快的事情隐藏在心中,会增加心理负担,让情绪一直积压在心里。当你有情绪时,要学会表达出来。当身边人的行为、语言让你产生了情绪,用适当的方式让对方知道。这样既能排遣你的情绪,消除自己心里的芥蒂和隔阂,又能够让对方明白他的哪些言语或者行为给你带来了困扰。另外,还可以向亲朋好友倾诉衷肠,这样既可以使自己的心情感到舒畅,而且能得到一些安慰、开导以及解决问题的建议。培根说过,把快乐告诉一个朋友,将得到两个快乐;把忧愁向一个朋友诉说,则只剩下半个忧愁。

5. 合理宣泄

有的时候,消极情绪太过强烈,比如跟妈妈发生了争吵,你愤怒又难过,并且无法通过转移注意力和呼吸法来调节,这时不妨给情绪一个出口,合理宣泄情绪。

哭——适当地哭一场。从科学的观点看,哭是自我心理保护的一种措施,它可以释放不良情绪产生的能量,调节机体的平衡。哭是解除紧张、烦恼、痛苦的好方法。许多人哭一场过后,痛苦、悲伤的心情就会减少许多。

喊——痛快地喊一回。当受到不良情绪困扰时,不妨痛快地大喊一回。通过急促的、强烈的、无拘无束的喊叫,将内心的积郁发泄出来,也是一种方法。

动——进行运动来缓解。当一个人情绪低落时,往往不爱动,越不动注意力就越不易转移,情绪就越低落,容易形成恶性循环。因此可以通过跑步、打球、健美操等体育活动改变不良情绪。

同时,值得注意的是,合理发泄情绪是指在适当的场合、用适当的方式来排解心中的不良情绪,从而防止不良情绪对人体的危害。但发泄情绪不同于放纵情绪,不同于任性和胡闹。如果不分时间、场合、地点而随意发泄,既不会调控好不良的情绪,还会造成不良的后果。

4.2 不合理信念

美国著名心理学家艾利斯提出的情绪 ABC 理论认为,情绪产生的直接原因是人对事件的信念,不同的信念会导致不同的情绪产生,如图 4.1 所示。在现实生活中,我们有时候产生情绪的原因就是一些不合理信念。心理学家韦斯特将不合理信念概括为三类:绝对化要求、过分概括化和糟糕至极。

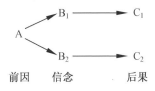

图 4.1　情绪 ABC 理论

后果:事物本身并不影响人,人们只受对于事物看法的影响

1. 绝对化要求

绝对化要求通常与"必须""应该"这类字眼连在一起。比如:"我必须获得成功""别人必须很好地对待我""生活应该是很容易的"等等。怀有这种信念的人极易陷入情绪困扰中,因为客观事物的发生、发展都有其规律,是不以人的意志为转移的。一旦不能满足自己的认知,就会产生失落、哀伤、怨恨等消极情绪。

2. 过分概括化

这是一种以偏概全、以一概十的不合理思维方式,就好像仅仅以一本书的封面就来判定其内容的好坏。人们对其自身有过分概括化的不合理信念,比如当面对失败时,往往会认为自己"一无是处""一钱不值"等。另一个方面是对他人的不合理评价,即别人稍有差错就认为他很坏、一无是处等,一味地责备他人,产生不良情绪。

3. 糟糕至极

这是一种认为如果一件不好的事发生了,将是非常可怕、非常糟糕,甚至是一场灾难的想法。这将导致个体陷入极端不良的情绪体验,如耻辱、自责、焦虑、悲观、抑郁之中,难以自拔。

4.3　时间管理

1. 80/20 法则

80/20 法则由意大利经济学家帕累托提出,又常常称作帕累托法则。它指的是 80% 的结果是由该系统中 20% 的量变产出的,通俗地说,就是 20% 的投入产出 80% 的效益。从时间管理的角度来看,可以把 20% 重要的事情在精力高峰期处理,提升效率。

按照生理特性,在一天 24 小时内,人的精力充沛程度、思维活跃程度、精神集中程度、效率的高低在不同时间不一样。有段时间是学习的高效期,我们称其为高峰时间或者少数的重要时间;有段时间是学习、工作效率较低的时间,我们称其为低谷时间或者多数的不重要时间,其余时间的学习效率则介于高峰时间和低谷时间之间。

在学习方面,善于管理时间就是将高峰时间用于完成重要又困难的事情,这样,学习效率最高。不妨想一想,一天当中,我们什么时间精力最旺盛、体力最充沛?在精力旺盛的时间适合安排什么类型的任务?

有同学注意观察自己的学习效率,总结出自己一天之内的四个高效学习期:

①清晨起床后是第一个学习高效期。大脑经过一夜的休息,脑神经处于活动状态,没有新的记忆干扰,此刻认知、记忆印象都会很清晰,可学习一些难记忆的知识。

②上午八点至十点是第二个学习高效期。体内肾上腺素等激素分泌旺盛,精力充沛,大脑具有严谨而周密的思考能力、认知能力和处理能力,此刻是攻克难题的大好时机。

③第三个学习高效期是下午六点至八点。这是用脑的最佳时刻,用这段时间来回顾、复习全天学过的东西,加深印象,分门别类,归纳整理。

④入睡前一小时是学习与记忆的第四个高效期。利用这段时间来加深印象,特别对一些难以记忆的内容加以复习,则不易遗忘。

每个人都有自己的生物节奏,重要的高峰时间因人而异,有的人是"夜猫型",有的人是"晨起型"。你觉得自己的效率分布规律是什么样的?请完成认知篇中的"时间管理"练习,注意观察自己的学习效率,找到自己的效率分布规律。

2. 时间管理矩阵法

时间管理矩阵法是按照重要性和紧急程度对事情进行划分。重要性是和目标有关的活动,凡是有价值的,有利于组织和个人目标实现的都是重要的事情。紧急程度指的是事件是否需要立即处理,不得拖延。

基于事件的重要性和紧急性,时间管理矩阵法将事件归为四种类型:重要又紧急、重要不紧急、不重要但紧急、不重要也不紧急。将手上的事件归类到表4.1中的四个方面,按照预先规划的方法进行处理。

重要且紧急的事情——必须立刻做。这类事情多为重要的危机事件,会让你有压力。但这类事件要越少越好,因为很多是由重要不紧急的事情拖延而成。比如说临近的期末考试,你要集中大量时间去备考。如果考试已经迫在眉睫,现在就立马看书备考吧!

重要但不紧急的事情——有计划地去做。分解目标,做好计划,先紧后松。但如果这类事情拖延不做,它会变成重要又紧急的事情。长此以往,你会每天被各种重要且紧急的事件拖着,压力陡增。比如,离考试还有两周的时候,你拖延着不备考,那么,随着考试临近,备考就成了紧急又重要的事情,你必须要临时抱佛脚,会觉得压力很大。提前制订复习计划,然后坚持执行,就不会手忙脚乱。

4 大二下　生涯发展能力拓展

表 4.1　时间管理矩阵法

	紧急	不紧急
重要	举例 ·临近的考试 ·明天要交的作业 ·即将到来的演讲比赛 ·去医院看病 越少越好 立刻去做！	举例 ·准备下个月的考试 ·培养人际关系 ·学习新知识 ·保持健康 ·规划 ·休闲 有计划去做 分解目标,做好计划,先紧后松
不重要	举例 ·电话 ·凑热闹的活动 ·朋友突然来访 ·拿快递 灵活处理 交给别人做/降低标准	举例 ·过多地看电视 ·漫无目的地浏览网页 ·沉溺于社交网络 ·玩游戏 ·闲谈 不能沉溺 尽量别做

紧急但不重要的事情——少做。授权或分派给别人去做,或者降低标准。通常是生活中的突发事件,比如,周末你在图书馆时,同学突然有事找你帮忙,让你去教室拿他落下的课本。如果你正在认真备考中,那么你可以提议让其他此时有空的同学帮忙去拿。

不紧急也不重要的事情——尽量不做。比如长时间地玩游戏、看电视,漫无目的地浏览网页、刷微博,耗费大量时间在社交网络上。这些事情是在消耗你的时间,沉迷其中是在荒废时光。

了解了各项事情的分类,但你知道什么样的时间分布才是高效的吗?

高效能人士的各项事件的时间分布见表 4.2。

表 4.2　高效能人士的各项事件的时间分布

	紧急	不紧急
重要	20%～25%	65%～80%
不重要	10%～15%	<1%

重要又紧急事件花费的时间比例是 20%～25%。也就是说,时间的 1/5 到 1/4 用来处理第一象限的事项最为理想。第一象限花费时间过多,你会时刻处于压力过大或者每天异常忙碌的状态。

重要不紧急事件花费的时间比例是65%~80%。大部分时间应当花在第二象限上,既可以提升自身能力,又可以让第一象限的事项变少。比如,平时多锻炼身体,去医院看病的概率就会降低很多;平时多看书复习,考试临时"抱佛脚"的压力也会降低。

紧急不重要事件花费的时间比例是10%~15%。生活中总有些紧急状况发生,少许时间花在紧急事件上是合理的,把时间比例维持在合适维度就够了。

不紧急不重要事件花费的比例要<1%。这类事件是在荒废时光,越少越好。

根据高效能人士的各项事件所花时间的分布比例,考虑自己要处理的事项,合理做好计划,分解目标,减少不必要的时间浪费。

3. 时间管理技巧

(1)专注一件事。

在处理一件事情的时候尽可能地专注,在生活中也要时刻谨记自己的目标与方向。千万不要只顾追求表面上的高效率,一心两用。学会了如何专注于重要的事情,就能掌握生活中的主动权,提高自己的创造性,并最终为自己赢得时间,为生活赢得平衡。以学习为例,同学们在学习的时候,面前总是一堆书,如果一会看看历史,一会看看数学,一会又翻翻英语,那么你就会发现时间过去了,但并未记住实际的内容,这是一种时间浪费。一个时间段内,制订一个学习小目标,专注地看一本书,专注地学一门功课,才是高效利用时间的最佳方式。

(2)学会"积极拖延"。

在考试时会有这样的体验:有些题目成了拦路虎,如果我们始终纠缠于这道题目,会导致时间都耗在这道题目之上,影响到了做其他题目的时间。相反,如果暂且放过,等其他题目完成之后再回来做这道题目,很有可能便会迎刃而解,即使还是不会,也能确保有时间做其他的题目。暂且搁置,有时候会带来更好的结果。

(3)学会独处。

有很多同学平时喜欢和大家在一起,觉得在一起才更为安全,很少一个人去做事。实际上,独处可以让我们避开外界的干扰,进行思考。对我们而言,适当独处可以让自己更专注地学习,更为冷静地做计划。可以经常给自己一段独处时间,反思今天一天是如何度过的,学习情况怎么样,会让自己更好地进步和成长。

(4)学会说"不"。

学会对干扰自己计划的人或者事说"不",可以让我们避免一些不必要的干扰。在现实生活中,很多人都不擅长拒绝,因为怕伤害对方的感情。其实礼貌地把真实原因解释清楚,委婉拒绝,一般情况下,对方会谅解。

(5)请人帮忙。

很多人会有一种"怕给别人添麻烦"的心理,也有"求人不如求己"的心态,所以不知如何开口向他人寻求帮助。其实,个人能力是有限的,遇到紧急或者棘手的问题,请同学、朋友、老师帮忙,既可以帮我们缩短完成的时间,又给了自己与他人深入交往的机会,何乐而不为呢?当然,要适当请人帮忙,不可以过度依赖。因为这样会让自己缺乏锻炼,也给他人带来了麻烦。

(6)"留白"时间。

"留白"是我国传统的艺术手段,常用于绘画中。"白"即"无",在画面中留下一方空白,任人遐想,起到"无形胜有形"的效果。然而在现实生活中,老师45分钟的课时安排得满满当当,一分钟都不能错过;学霸们的学习计划表也是以"分钟"为计量单位。殊不知,恰当的"留白",给点时间来思考自己的状态并探索自我,给点时间让自己放空片刻,会让你走得更远,更加笃定。

4.4 人际沟通

1. 四类沟通风格

正如世界上没有两片完全一样的叶子,世界上也没有两个完全一样的人。在纷繁的社会中,你会遇到形形色色的人。因为不同的家庭背景、人生经历、性格特征、教育背景,每个人身上都被烙下了不同的痕迹,形成不同的沟通风格。沟通风格并无好坏优劣之分,只是代表了让你感到最为舒服的沟通行为模式。

在人际沟通时"知己知彼",了解自己属于哪一种风格适应对方沟通风格,会让沟通更有效,人际关系更顺畅。总体来说,有四种不同类型的沟通风格。

(1)随和型/无尾熊型。

个性:友善,可靠,随和,合作,支持,忠诚

行为特点:说话慢条斯理,经常停顿,语调变化多;身体姿态轻松,可能身体后倾;手势较慢、平和、面部表情丰富;喜欢与人交流感情和闲聊。

沟通应对策略:应该了解其内心的真实观点,多谈主题内容,多提封闭式问题并以自己的观点适度影响他;同时要避免跟着此人的思路走,因为这类人不愿对棘手的事做出决策。

(2)分析型/猫头鹰型。

个性:勤奋,系统,坚持不懈,关心细节,严肃,苛刻,精确。

行为特点:讲话的时候慢且温和,语调单一,经常停顿;身体姿势较为固定;手势少,表情少;很少闲聊和谈论感情。

沟通应对策略:与这种类型的人沟通时,必须以专业水准与其交流,因而必须表达准确且内容突出,最好资料齐全,逻辑性强,以数字或数据说明问题,避免空谈或任其偏离沟通的方向与目的。

(3)表现型/孔雀型。

个性:富有想象力,充满灵感,热情,喜好娱乐并冲动。

行为特点:讲话语速快,声音较高,语调变化少,停顿也少;身体姿势固定,沟通时身体会前倾;手势强有力且目光接触较多,面部表情较多;爱与人沟通情感和闲聊。

沟通应对策略:与该类型的人沟通时,首先应该成为一个好观众或好听众,少说多听,热情反馈,支持与肯定,加之适度的引导。切忌将自己的观点强加给他或打断、插话,或冷漠、无动于衷,这都会影响与这类人的有效沟通。

(4)支配型/老虎型。

个性:客观,坚毅,独立,注重实效,效率高,有决断力。

行为特点:讲话语速较快,声音较高,语调变化少且少有停顿;身体姿势固定,沟通时身体可能前倾;手势强有力且目光始终接触;直接表达观点;少闲聊,少谈论情感。

沟通应对策略:与这种类型的人进行沟通,首先要了解其想法,提供各种备选方案,当他觉得不合适的时候,可以提出新点子,提供其他方案。若直接反驳或使用结论性的语言,这样的沟通注定是低效甚至是无效的。因为老虎型对冲突的可能反应是直接专制。

2. 人际沟通技巧

大家都知道人际沟通很重要,但是究竟哪些行为可以让沟通更有效,让人际关系更融洽呢?以下是四个实用有效的人际沟通技巧。

(1)学会问问题。

大多数对话难以开始或者继续下去的原因,并不是讨论的内容有问题,而是问问题的方式不当。有以下两种提问方式:

·开放式问题:希望得到对方的解释、见解以及更多的细节

问1:你第一次打篮球是什么情形?

答1:我是在初二的时候第一次打,当时体育课的老师很喜欢打篮球……

问2:你觉得汉堡味道怎么样?

答2:汉堡味道还不错,我最喜欢吃奥尔良鸡腿堡,吃起来非常香……

开放式提问可以得到对方的解释以及进一步的细节,有助于打开谈话局面。在沟通开始时,可以使用开放式提问,让话题具体展开。正如例子中"你第一次打篮球是什么情形?"这一开放式提问就给了对方空间来展开回答,他会描述自己第一次打篮球时的情况。在沟通过程中,多使用开放式提问,对方也会觉得你对他们所说的事情感兴趣。

·封闭式问题:只有一个答案的问题

问1:你是什么时候开始打篮球的?

答1：三年前。

问2：你说的是你周三要回家吗？

答2：是的。

提封闭式问题时，通常只会得到两三个字组成的简短回答，所以沟通开始时，不适合进行封闭式提问。但封闭式提问可以用来缩小主题范围。如上面例子中"你是什么时候开始打篮球的？"就把"打篮球"这个话题缩小到了"打篮球时间"上。同时，不确定对方意思或者跟对方确认信息时也可以使用封闭式提问，如上面的第二个问题。

（2）积极倾听。

大家每天都在沟通交流，但是你真正听懂了别人在说什么吗？一个人所表达出来的只是自己实际想表达内容的冰山一角。积极倾听会让你看到更多的内容，达到有效沟通的目的。

积极倾听就是告诉对方你对他信息的理解，能鼓励对方说下去，又能保证你能理解对方所说的内容。

• 以"你"作为开头回应。

朋友：我最近感觉特别不好。

你：你是遇到什么问题了吗？（积极倾听）

朋友：班主任找我妈妈了。他说我最近学习状态不好，好几门课都落下了。

你：那你是被你妈批评了？（积极倾听）

朋友：是的，她昨晚一回家跟我谈了两个小时，我们……

上述对话中，朋友在向你倾诉自己的感受，这时你如果直接把自己的态度说出来："有什么好苦恼的，世界美好着呢。"或者评论对方"你总是这么敏感，别想那么多"，你觉得朋友还想继续跟你沟通下去吗？他会觉得你不能明白他的困扰和感受，进而产生抵触心理，不想和你深聊下去。

• 尽力理解对方的感受和内容，可在心里默问：他是什么感受？他想表达什么信息？

同桌：每天晚上，我妈妈非要让我喝一杯牛奶，好麻烦。

A：你应该这样想，你妈妈也是为你好，她是怕你营养跟不上。

B：我想你肯定非常讨厌喝牛奶。

C：你是不喜欢每天晚上都喝牛奶吗？

A、B、C三种回答，只有第三个是积极倾听。A回答是在把自己的观点强加给对方，B回答是自己主观臆断的结论，这两种回答都无法拉近你们的距离。只有C回答是在表达自己对同桌话语之意的理解，对方听到之后会给出进一步的解释，沟通就在继续着。

(3)表达真诚的称赞。

每个人都有闪光点,带着发现"美"的眼睛,你可以在每个人的身上发现值得称赞的地方,哪怕只是一些很小的事情。当然要真诚地称赞不要撒谎。对方只要有一次对你的诚实表示怀疑,他就不会再相信你的称赞了。采用下面的赞美小技巧,会更有效果:

①在对话中使用对方的名字,会提高对方在对话中的兴趣,更专心地听接下来的内容。

②"什么/为什么"技巧。许多赞美之所以效果不明显,原因在于只告诉对方喜欢什么,却没有解释喜欢的理由。如果你想要赞美同桌,你可以说:"你今天的裙子真不错,特别适合你的风格。"

③传声筒赞美法。在赞美时,巧妙地引用别人的美言,原封不动地转述给对方听。比如:"张华,我听王蔷说你的乒乓球打得非常好。你的发球速度很快,也很能防住对手的进攻(阐述理由)。他说你从来没有输过一场球。你赢球的秘诀到底是什么?"

(4)巧用语调和动作。

人际沟通所传达的内容除了信息,还有感受。巧用语调和动作来传递你的感受和态度,可以让沟通更为有效。

在日常的人际沟通中,多有意地使用柔和的语调。语调柔和表达的是一种坦率和友善的态度,通常柔和也会让听者觉得很舒适。光柔和是不够的,也要适时调整语调。比如,当你表达的内容需要重视和关注时,可以提高语调;当你表达安慰时,可以让语调变得低沉缓慢。

身体接触可以无声地告诉对方:"我很在乎你"以及"我很喜欢你"。最能传达感情的身体接触有两种:握手和拥抱。比如,在跟妈妈闹了小矛盾以后,想要和解,不妨给个拥抱,相信她一定感受到你的爱和想要和解的态度。

4.5 团队合作

1. 什么是团队

团队是一种为了实现某种目标而相互协作的、由个体组成的工作群体。团队体现出一种团结协作的特征,它具有提高工作效率的可靠、可行、必要的方式。完整的团队有五个构成要素:

①目标。团队应该有一个既定的目标,为团队成员导航,知道要向何处去。没有目标,这个团队就没有存在的价值。

②人。人是构成团队最核心的力量。3个(包含3个)以上的人就可以构成团队。

③定位。指的是团队在组织中处于什么位置;作为成员,在团队中扮演什么角色。

④权限。一般来说,在团队发展的初级阶段,领导权相对比较集中;团队越成熟,领导者所拥有的权力相应越小。

⑤计划。指具体工作的程序。只有在计划的操作下,团队才会一步一步地贴近目标,从而最终实现目标。

2. 团队性格类型

根据技能专长以及个性品质,团队中每一位成员都有倾向的角色定位(表4.3)。

表4.3 团队性格类型

基本类型	优点	潜在缺点	团队参与倾向
执行者	·稳重,可靠,理智,能做事情 ·有组织、有纪律地做事	·可能不欢迎变革和新观点 ·对他人的期望过多	·希望专注于切实高效地完成工作任务
协调者	·寻找共识,试着让每个人都参与 ·分配工作 ·擅长主持会议 ·可以接受或拒绝他人的观点	·智商不算高 ·可能被人觉得操纵欲过强 ·老把自己的工作交给别人做	·倾向于通过吸引成员参与的方式擅长激励和领导团队
推动者	·外向,精力充沛,不乱说话,直接 ·坦诚地表达看法 ·愿意克服困难 ·把事情做起来	·不耐心,易怒,不注意他人感受 ·可能在错误的时间说出错误的话	·倾向于控制和鞭策他人卓有成效地完成自己的任务,特别是在身处压力的情况下
智多星/创新者	·有创意而推陈出新的思考者,想出办法,享受寻找解决办法的过程,爱发明 ·擅长看清"大局"	·为自己的"天才"过分骄傲 ·忽略团队目标和细节 ·处于自己的梦想世界里	·有创造性、不拘一格,总有许多点子,乐于而且善于解决问题

续表 4.3

基本类型	优点	潜在缺点	团队参与倾向
资源调查者/外交官	·好奇,容易被吸引,外向 ·喜欢探索和寻找信息 ·喜欢遇到新的人、挑战和尝试新玩意	·兴趣或注意力持续时间不长 ·关注某样事物之后很快又被其他的东西吸引了 ·可能会盗用他人的观点	·擅长与他人接触并建立良好关系,获取团队所需要的资源
审议员/老干部	·考虑问题全面 ·不情绪化 ·从多个视角看问题 ·擅长权衡证据,做出判断 ·擅长做决策	·观念僵化,太执着"逻辑" ·不愿接受创造性或新颖的想法;批判性过强 ·不擅长想出新点子	·倾向于确保决策正确并且各项工作符合外部或内部标准
团队凝聚者	·善于观察;擅长聆听和做出反应 ·顺利解决冲突;老练 ·社交技巧很好;体贴他人 ·把团队放在首位	·会被任何意见所动摇 ·很容易受到影响 ·含糊其辞 ·很难最终做出决策	·希望团队能够作为一个整体和谐工作,善于倾听、调解和交际
完成者	·注重细节 ·有责任心;负责人;可靠 ·完成目标 ·对最后的做法进行小的调整	·不擅长分工给他人或信任他人 ·老爱挑毛病 ·太过完美主义	·认为按时完成任务并出具详细说明是极为重要之事
高技能专家	·一心一意,倾尽全力,提供特有的技能 ·慢慢完成任务 ·自己动力十足	·对全局不感兴趣 ·不融入团队 ·视角很狭隘	·工作重心主要放在发展和运用自身的专业技能和知识上

3. 如何建立高效团队

一个团队想要有效地运作,需要三种不同技能类型的人:有技术专长的人,具备决策和解决问题能力的人以及善于聆听、反馈、解决冲突及其他人际关系技能的人。

作为一个团队成员,在言行上要支持团队,捍卫团队和团队成员的利益,这表明你忠实于你的团队。同时,还要展现你的才华,通过展示你的技术能力和职业水平来赢得他人的尊重,尤其是要表现出你的沟通技能、解决冲突和其他的人际关系技能。

(1)赢得别人信任的方法。

①公正。在做出决策或采取行动前考虑一下在客观性和公正性方面别人会怎么理解,在业绩评估和奖励等方面要做到公正公平。

②支持。要让团队成员在他们需要你时能找得到你,对团队成员的想法、主意等积极地提出帮助、建议、辅导和支持。

③谈出你的感想。让你的团队成员分享你的感觉,沮丧的,苦恼的,严肃的,别人会认为你跟他们一样有七情六欲,是真实的人,这样他们理解你是怎样的人,会增加对你的尊重和信任。

④尊重别人。仔细聆听别人的意见,特别是不同的意见。有助于建立一种融洽友好的关系;可以鼓励对方向我们提供更多的信息;提供机会来澄清或说明误解。

(2)学会处理冲突。

导致冲突的原因主要包括:在需要、目标和价值观等方面有分歧;期望值与最终结果出现偏差;不愿意带着问题工作;言谈、动机、行为、境遇等方面存在理解上的偏差。冲突包括建设性冲突与破坏性冲突,见表4.4。

表4.4 两种不同性质的冲突

建设性冲突	破坏性冲突
双方对实现共同的目标的关心	双方对赢得自己观点胜利十分关心
乐于了解对方的观点、意见	不愿听取对方的观点、意见
大家以争议问题为中心	双方由问题的争议,转为人身攻击
能够相互交换意见且不断增加	互相交换意见不断减少,以致完全停止

建议性冲突往往能产生出新的想法,促使人们找寻新的途径,使长期存在的问题得以显现并解决,使人们纠正自己的观点,激发兴趣和创造力,并有机会测试自己的能力。

但破坏性冲突往往不利于团队合作,克服破坏性团队冲突的工具包括:针对问题,而非个人;关注于什么能做,而非什么不能做;鼓励不同观点和诚实的对话;用非责怪的方式表达你的感受;接受应属于你的问题;倾听他人的发言了解他的观点,之后表达你自己的观点;对他人的观点表示尊重;在建立关系的同时解决问题。

4.6 自我效能

事实证明,自我效能对于事情成败的影响力,常常比能力、经验等因素的影响力更强。因而,有意识地提高自我效能,是促进自我管理、生涯发展的有力武器。自我效能的高低,主要受到四个因素的影响,这也是我们提高自我效能的四条有效途径。

1. 亲身体验的成败经验

亲身体验的成败经验是我们对成败的切身体会,对自我效能的影响最大。成功的经验可以提高自我效能,使个体对自己充满信心。因而,设立合适的目标,积极尝试,积累成功经验,是提高自我效能的重要途径。需要提醒的是,目标是关键,设置要合理。目标设立过高,在行动之前,就会感到难以完成,或是压力较大,从而影响发挥,难以得到成功经验;若目标过低,会感到没有挑战性,从而感到无趣,没有收获。合理的目标,是通过自身努力可以达到的。此外,合理的目标也必须是明确、清晰的,从而有利于促进行动,达成目标。

2. 替代性经验

小时候,我们可能在看到某个奥运冠军或球员的飒爽英姿后,渴望成为运动员;可能在感受到航空航天工作者翱翔天际的骄傲后,渴望成为飞行员或宇航员。这种通过观察他人成功,认为自己也能获得同样成功的体验,便是替代性经验。替代性经验,对自我效能也有着极大的影响。随着逐渐长大,能让我们觉得"我也能像他/她一样成功"的人越来越少。大多数人已经发现,某位奥运冠军或音乐大师的成功,好像是自己难以复制的。让我们认为"我也可以"的人,渐渐变成和自己越来越接近的"榜样"。若是和自己成绩、能力等各方面水平相当的学长、学姐,通过某种学习方法和自身努力,考上了理想的大学,那自己更容易认为也能通过同样的方法和努力获得一样的结果。因而,有意识地树立和自己各方面相似的榜样,如年龄成绩、家庭背景等,发现榜样成功的过程和方法,积累替代性成功经验,会帮助我们增强自信,提高自我效能。

3. 言语劝说

言语劝说包括他人的劝告、建议、暗示等,以及自己对自己的劝说。相对于自身成败经验和替代性经验来说,言语劝说与自身经验联系不大,所以相对其他两种来说,对自我效能影响较小,并且,经由劝说形成的自我效能,在面临困境时,比较容易消失。当劝说者的声望、地位、专长及劝说内容的可信性达到一定程度,还是会在一定程度上影响被劝说者的自我效能,使人在完成特定的任务时付出更大、更持久的努力。就像平时,我们很尊重、敬仰的老师、亲朋要比一般的老师和亲朋更能对我们产生影响力,其建议会更有效。这也就提醒我们,当需要提高在某件事上的信心时,可以寻找能够给自己积极反馈的老师、亲朋,寻求积极的言语劝说,从而提高对这件事的自我效能。

4. 情绪唤起

情绪影响自我效能的形成。在充满紧张危险的场合或压力较大的情况下,容易激发强烈的情绪,影响行为表现,降低对成功的信心。比如有些同学平时学习很好,却因为高度紧张,在考试时心跳加速、呼吸急促,担心失误,导致发挥失常。因此,保持积极的情绪状态,对自我效能至关重要。我们可以主动为自己建立起一个"积极自我效能账户"。将我们重要的成功体验、幸福瞬间等让自己满意、自信的时刻都存入其中。比如获奖的瞬间、和家人一起吃年夜饭的时刻等等,在真切体验之后,深深地记下当时的身体、心理感受,还可以寻找一些让自己能马上回忆起那些感受的标志,如一张照片、一个奖杯、一句记忆犹新的话,或是某个有着特殊意义的物件等。然后在我们感到自信不足、不确定的时刻,通过这些标志,从"账户"中提取出当时的积极感受,加强对自己的效能,调节当下的情绪,以避免消极情绪与自我效能的恶性循环。

4.7 领导力法则

领导力指在管辖的范围内充分地利用人力和客观条件,再以最小的成本办成所需的事,提高整个团体的办事效率的能力。

《领导力21法则》是全球领导力大师麦克斯维尔博士40年研究的成果,他以21条清晰的法则,有效讲透了提升领导力的方方面面,将抽象的领导力概念以具象的方式呈现。21条法则具体可以参见认知篇"领导力"练习或自行阅读《领导力21法则》一书。麦克斯维尔博士在10周年纪念版中又纳入了两条新法则,分别是:①增值法则:领导者通过服务他人增加价值。②镜像法则:看到别人怎么做,大家也会效仿。

在过去10年讲授21条法则的过程中,他还得到了另外两条经验:

1. 要培养领导力,你需要样样做好

曾经有一个大学生问他说:"我明白你讲的是21条领导力法则,但是我想知道,最关键的是什么? 也就是说,关于领导力,我需要知道的最关键的一点是什么呢?"而回答是"你需要知道,关于领导力最重要的一点就是,关于领导力,你所需要知道的不仅仅是一点!"要成为优秀的领导者,我们必须把21件事情都做好。

2. 没有人能做到 21 条法则

事实上,我们之中没有一个人能做到所有的法则。比如说,其中的 5 条法则我都只能达到平均或平均以下水平——而我却写了这本书!那么,领导者应该怎么办呢?忽略这些法则吗?不是,领导者需要组建一个领导团队。

我建议你测试一下自己对每条法则的掌握情况。一旦知道了自己在哪些法则上处于平均或平均以下水平,就去寻找几位在那些方面比你强的队友。他们会弥补你的不足,反之也是如此,整个团队都将因此从中受益。这样,你就可以组建一支全明星领导团队。记住,没有人能够比所有人都聪明。

5 大三上

实习实践训练

5 大三上　　实习实践训练

一个人,只有在实践中运用能力,才能知道自己的能力。

——小塞涅卡

获得奖学金情况

类别	获得时间	奖项名称
校内奖学金		
企业奖学金		
国家级奖学金		
其他		

参与学生活动情况

实践永远是最好的老师,各项能力的提升需要在一系列实践中锤炼,大学里丰富多彩的校园文化活动,为每位同学提供了展现风采的平台,请将你参与的学生活动写下来,包括学生干部经历、校内实践、社团活动、各种比赛等。

	社团名称	职务	个人职责与贡献
学生社团			
	活动类别	活动名称	所获荣誉与成绩
校园活动	思想政治类		
	科技创新类		
	文学艺术类		
	志愿公益类		
	职业发展类		
	体育类		
	创业类		

参与社会实践情况

　　大学阶段之后紧接着就是走出校园,进入职业世界,大学的学习不仅要在专业学习上积累未来职业发展的知识结构,更重要的是在一系列的社会实践中锻炼职业能力,形成职业素养,为未来职业做准备。

实践名称	时间地点	职责与贡献	实践成果	反思总结

收获体会:

科技创新情况

级别	时间	项目名称	项目内容	项目成果
校级				
市级				
省级				
国家级				

职业体验前期调查

了解环境最直接的方式当然还是置身其中,用眼睛去看,用耳朵去听,用身心去感受,所以如果条件允许,请走出校园,走进社会去职业体验一番,当然,在出发之前要有所准备,构建自己的攻略。

机构名称	
机构性质	政府机关　　国企　　外企　　民企　　其他
主要业务	
体验形式	参观　　访谈　　实习　　其他
体验时间	
位置及交通线路	
机构网址	
负责人联系方式	
准备材料	
计划重点了解内容1	
计划重点了解内容2	
计划重点了解内容3	

职场实习报告

　　每年都有不少同学加入实习,不仅仅是为了赚钱,更多的是要了解真正的职场,积累经验,发动自己的资源去参与一场实习吧,记得要把"职场体验"记录下来,这样才能让自己真正有所收获。不过也要注意,参加实习实践一定要结合自己的兴趣、能力素质、生涯发展方向,有针对性地进行锻炼和提高自己,在不影响学习主业的前提下合理安排自己的时间和精力。

实践日期	实践单位、岗位	实践内容
实践心得体会		

获得技能及证书情况

	类别	证书名称	(预计)获得时间及证书水平	行动策略
证书	外语类			
	计算机水平			
	专业相关职业资格认证			

	类别	技能名称	(预计)学习时间及掌握程度	行动策略
相关技能	软件类			
	硬件类			
	文体类			
其他				

国际化视野培养

本专业国外优秀院校

国家交流讲座

时间地点	主讲嘉宾	讲座主题及内容

出国游计划

时间	目的地	所需申请材料与准备

外语学习计划

全球胜任力提升计划

短期交流访学情况

	项目一	项目二	项目三
项目名称			
访学时间			
目标院校			
目标课程 (名称、学时、学分)			
对应本校课程 (名称、学时、学分)			
返校补修课程			

5 大三上　　实习实践训练

　　华为不需要思想家,需要解决问题的专家。公司只能给你位子,不能给你威望,威望需要你从实干中来。

——任正非

第5学期梦想清单

它们可以很抽象,也可以很具体;可以很伟大,也可以很平凡;可以很严肃,也可以很活泼。请梳理你的想法,列一张自己的学期梦想清单。

5　大三上　　实习实践训练

 第 5 学期学业规划

个人学业规划是对教学计划内课程和课外课程的学习目标进行规划。

类别	课程名称	预期目标	行动计划
公共课			
专业课			
选修课			
技能操作			
课外学习			

227

第 5 学期课程表

时间	星期一	星期二	星期三	星期四	星期五	星期六	星期日

第5学期成长规划

  大学生在大学期间要养成健康的生活习惯,培养健康的兴趣爱好,建立良好的人际关系,树立正确的爱情观,要在专业学习上积累知识,同时为下一阶段步入职场做准备,积极参加各种学生活动与社会实践,锻炼自己各方面的能力。
  学期成长规划主要从学习进修、职业发展、人际交往、个人情感、身心健康、休闲娱乐、财务管理、家庭生活、服务社会等全面发展的角度进行规划。

学习进修	职业发展	人际交往
个人情感	身心健康	休闲娱乐
财务管理	家庭生活	服务社会

第1月月计划

理想的实现是一个循序渐进的过程,它必须一步一个脚印,脚踏实地地去行动。因此,我们要学会把中长期目标分解细化成若干个小的短期目标,实施具体的行动计划和步骤,一步步靠近理想。请根据学期成长规划和学业规划在每个月第一天制订月目标和月计划。

目标	预期成效	完成时间	行动策略

5　大三上　　实习实践训练

 # 第1月月记录

月　日~月　日

星期一	星期二	星期三	星期四	星期五	星期六	星期日

本月重要事项

_____

_____

本月习惯养成训练

_____

第1周满意度 ☆☆☆☆☆
第2周满意度 ☆☆☆☆☆
第3周满意度 ☆☆☆☆☆
第4周满意度 ☆☆☆☆☆
第5周满意度 ☆☆☆☆☆

第1月月复盘

生涯发展是一个动态的过程,一些不确定的因素会使原来制订的计划与现实情况有所偏差,阶段性总结、反思、评估、修正,有助于我们及时调整生涯规划。

本月满意度评估(1~10分):＿＿＿＿＿＿＿＿＿＿＿＿＿＿＿＿＿

满意完成事项:＿＿＿＿＿＿＿＿＿＿＿＿＿＿＿＿＿＿＿＿＿＿＿＿

＿＿＿＿＿＿＿＿＿＿＿＿＿＿＿＿＿＿＿＿＿＿＿＿＿＿＿＿＿＿＿＿

复盘没有完成的事

寻找障碍背后的深层理由

找到下个月的提升点

第2月月计划

理想的实现是一个循序渐进的过程,它必须一步一个脚印,脚踏实地地去行动。因此,我们要学会把中长期目标分解细化成若干个小的短期目标,实施具体的行动计划和步骤,一步步靠近理想。请根据学期成长规划和学业规划在每个月第一天制订月目标和月计划。

目标	预期成效	完成时间	行动策略

第 2 月月记录

月　日 ~ 　月　日

星期一	星期二	星期三	星期四	星期五	星期六	星期日

本月重要事项

本月习惯养成训练

第 1 周满意度 ☆☆☆☆
第 2 周满意度 ☆☆☆☆
第 3 周满意度 ☆☆☆☆
第 4 周满意度 ☆☆☆☆
第 5 周满意度 ☆☆☆☆

5　大三上　实习实践训练

 第 2 月月复盘

生涯发展是一个动态的过程，一些不确定的因素会使原来制订的计划与现实情况有所偏差，阶段性总结、反思、评估、修正，有助于我们及时调整生涯规划。

本月满意度评估(1～10 分)：＿＿＿＿＿＿＿＿＿＿＿＿＿＿＿＿＿＿＿

满意完成事项：＿＿＿＿＿＿＿＿＿＿＿＿＿＿＿＿＿＿＿＿＿＿＿＿＿

复盘没有完成的事

寻找障碍背后的深层理由

找到下个月的提升点

第3月月计划

理想的实现是一个循序渐进的过程,它必须一步一个脚印,脚踏实地地去行动。因此,我们要学会把中长期目标分解细化成若干个小的短期目标,实施具体的行动计划和步骤,一步步靠近理想。请根据学期成长规划和学业规划在每个月第一天制订月目标和月计划。

目标	预期成效	完成时间	行动策略

第 3 月月记录

月　日 ~ 月　日

星期一	星期二	星期三	星期四	星期五	星期六	星期日

本月重要事项

本月习惯养成训练

第 1 周满意度 ☆☆☆☆☆

第 2 周满意度 ☆☆☆☆☆

第 3 周满意度 ☆☆☆☆☆

第 4 周满意度 ☆☆☆☆☆

第 5 周满意度 ☆☆☆☆☆

第 3 月月复盘

生涯发展是一个动态的过程,一些不确定的因素会使原来制订的计划与现实情况有所偏差,阶段性总结、反思、评估、修正,有助于我们及时调整生涯规划。

本月满意度评估(1~10 分):_____

满意完成事项:_____

复盘没有完成的事

寻找障碍背后的深层理由

找到下个月的提升点

第4月月计划

理想的实现是一个循序渐进的过程,它必须一步一个脚印,脚踏实地地去行动。因此,我们要学会把中长期目标分解细化成若干个小的短期目标,实施具体的行动计划和步骤,一步步靠近理想。请根据学期成长规划和学业规划在每个月第一天制订月目标和月计划。

目标	预期成效	完成时间	行动策略

第 4 月月记录

月　日~　月　日

星期一	星期二	星期三	星期四	星期五	星期六	星期日

本月重要事项

_____

_____

本月习惯养成训练

_____

_____

第 1 周满意度 ☆☆☆☆☆

第 2 周满意度 ☆☆☆☆☆

第 3 周满意度 ☆☆☆☆☆

第 4 周满意度 ☆☆☆☆☆

第 5 周满意度 ☆☆☆☆☆

5 大三上　　实习实践训练

 ## 第4月月复盘

　　生涯发展是一个动态的过程,一些不确定的因素会使原来制订的计划与现实情况有所偏差,阶段性总结、反思、评估、修正,有助于我们及时调整生涯规划。

本月满意度评估(1~10分):_____

满意完成事项:_____

复盘没有完成的事

寻找障碍背后的深层理由

找到下个月的提升点

第 5 学期末评估与总结

还记得学期初制订的个人学业规划和成长规划吗？
现在请回顾经过这一个学期你的目标完成情况。

学期总结表

目标	完成情况	主观原因/客观原因	调整与改进	反思总结

5　大三上　　实习实践训练

对于第 5 学期,你的总体满意度是多少分?(1~10 分)

第 5 学期什么事让你感到特别有成就感?把这些事写下来并给自己一个奖励吧。

☺ _____

☺ _____

☺ _____

第 5 学期你最大的收获是什么?

本学期你支持了谁?帮助了谁?

本学期你最想感激的人是谁?为什么?

本学期有哪些遗憾?你准备如何改进和提高?

假期记录与总结

假期是一段很有意义的时光,会有更多的时间去充实和丰富自己。
看看你的梦想地图,哪些梦想你希望在假期里实现。
把这些目标填进表格里,并列出具体的行动策略。
一件件去完成吧!

目标	行动策略	完成时间	反思总结

5　大三上　　实习实践训练

假期结束了,这个假期你过得怎么样? 总体满意度是多少分? (1~10分)

对于这个假期,你做的最有价值的事情是什么?

对于这个假期,你最大的收获是什么?

对于这个假期,有哪些遗憾? 你准备如何改进和提高?

新学期就要开始了,你有什么新的目标呢?

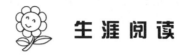

5.1 有效参与社团活动

高校学生社团是高校学生依据兴趣爱好自愿组成、按照一定章程,自主开展活动的学生组织。学生社团凭借其"社团精神"和丰富多彩的社团活动,越来越受到师生的喜爱,成为校园文化亮丽的风景。学生社团种类繁多,但学生的时间和精力有限,只有合理选择、充分投入到相应社团活动,才能切实锻炼和提高自己,在不耽误学习主业的情况下,选择社团有以下几点建议。

1. 明确目标

在选择社团前,一定要问自己这样一个问题:自己身上最欠缺的是什么?参加社团当然是为了满足我们的兴趣和爱好,但仅仅满足于此是不够的,还要学会把社团当作一个锻炼自己、提高自己的地方。不同社团的建立目标是不一样的,有些是为了普及科学文化知识,有些是为了帮助学生了解职场、明确职业发展目标……因此,在参加社团前,一定要明确自身的需求,千万不要随波逐流。

2. 不能只看名称

有些社团为了吸引学生加入,往往会取一些好听的名字,但却往往名不副实。有的社团在创办之初活动开展得有声有色,但后来却发展得不好。针对这种情况,我们一定要擦亮眼睛,不要仅凭名称或招新同学的一面之词就草率地加入,以免浪费时间和精力。为选择到能满足自己需要的社团,我们可以从三个方面着手去了解某个社团:①看社团的活动安排;②向学长了解,初到大学的学生对多数社团知之甚少,这就需要向有经验的学长请教,之后慎重选择;③对于有固定场所的社团,可亲自前往观察交流,以求更深入地了解其内部情况。

3. 不要贪多

面对琳琅满目的社团,有的大学生充满了热情,见一个报一个,在各种社团之间来回奔波,可谓是忙得不亦乐乎。可到头来精疲力竭,不但哪个社团都没能认真参与,还耽误了课程学习。在大学里,学习永远是第一位的。社团活动虽然丰富多彩,但要尽量避免与学习发生冲突。学有余力的大学生可以参加2~3个社团。一般而言,选择1个最能满足自身发展需求的社团就足够了;否则,会顾此失彼,甚至严重影响学业,得不偿失。

4. 不要为了加分

为了鼓励大学生到社团去锻炼和成长,各个高校会在综合测评、学生评优评先等方面给予一定的加分。高校制定这类措施的初衷是好的,但有些大学生显得过于功利,参加社团就是为了加分。抱着功利主义思想加入社团,不仅不能提高自己的能力,还会让社团丧失"自我教育、自我管理、自我服务"的本质。因此,加入社团,个人的态度一定要端正,不能有功利主义思想,更不能抱着打发无聊时间的目的。大学是各类学识渊博、不同学科知识分子的聚集地,除此之外,也会聚了富有激情、敢于挑战、思想活跃、来自五湖四海的同学。在这里可以建立起自己最初的人脉关系——往往在大学期间所建立起来的良好师生关系和同学关系,也会成为今后职业发展中的重要资源——人脉。因此,大学期间要广交朋友,不要把自己封闭在宿舍的小圈子里,也不要只和有共同语言的人交往,其实更重要的是和其他类型的人交往,了解他们的经历、思维习惯、爱好,学习他们处理问题的模式,了解社会各个角落的现象和问题,这是以后发展的巨大的本钱。

5.2 社会实践与职场体验

1. 社会实践的重要意义

从广义上讲,社会实践是指在校大学生通过与社会环境的交互作用,接受和树立社会观念、价值、规范的一种教育形式。其中通常包括"三下乡"暑期(寒假)社会实践、社会调查、青年志愿者活动等社会公益类实践,勤工俭学、家教、兼职等商业活动类实践,专业实习、科技发明等技能类实践。

社会实践与职场体验对大学生实现自我发展具有重要意义。

(1) 了解职业与行业,确认喜欢或擅长的职业。

了解职业与行业有很多方法,譬如阅读相关的文章,请教业内人士,但最直接的方法还是亲自做这份工作。在做的过程中,你可以确定自己是否喜欢这份工作,自己能否胜任。如果喜欢又胜任,以后毕业找工作,就可以把它作为目标职业的备选项;反之,就要寻找新的工作方向。

(2) 为从学生向职场人士转变做准备。

人们常说,大学是个象牙塔。确实,学校与职场、学习与工作、学生与员工之间存在着巨大的差异。在角色的转化过程中,人们的观点、行为方式、心理等方面都要做适当的调整。所以,抱怨公司不愿招聘应届毕业生的时候,我们是否也得找找自己身上的问题。而社会实践提供了一个平台,让大家接触到真实的职场。有了实践的经验,以后毕业工作时就可以更快、更好地融入新的环境,更快地完成学生向职场人士的转换。

(3) 帮助大学生树立正确的就业观。

实践能帮助大学生树立市场意识,端正就业态度。大学生通过社会实践才能认知社会中的优胜劣汰,培养竞争意识,才能在实践中了解用人单位的需求和要求,在大学期间努力地培养自己的综合素质,端正就业态度,避免好高骛远、不切实际,真正做到量能定位和量力就业,树立正确的立业观和择业观,迈出走向社会的第一步。

(4)增强就业时的竞争优势。

社会实践能拓展大学生的综合素质,培养"适应型"人才。社会实践是大学生拓展自身素质的主要载体之一,培养自我教育、自我管理和自我发展的能力,锻炼适应能力和社交能力,学生通过实践磨炼意志、发展个性、锻炼能力,勇于承担社会责任,拓展自身的综合素质,成为"学历、素质、技能"一体化的"适应型"人才。

2. 如何做好社会实践与职场体验

(1)实习前先做择业规划。

并不是所有的实习都有价值,因为它们和将来要应聘的工作相距甚远。譬如你要做财务,家教的经验就没有价值;你想从事研发,麦当劳、肯德基服务生的工作也不会成为你的竞争优势。

所以,不要盲目地实习,在实习前就要做一个规划。在知彼知己的情况下,制订出自己的择业目标,然后寻找与择业目标相关的工作。唯有这样,实习经验才能转化为找工作时的优势,否则就是浪费时间与精力。

(2)通过多种渠道寻找实习机会。

目前提供大量实习信息的招聘传媒还不是很多,很多公司也不会公开招聘实习生,所以要多管齐下,寻找实习机会:

①网站。包括国内知名的及专门针对大学生的招聘网站,还有目标公司网站。

②学校就业指导中心。现在很多高校的就业网站有专门的实习兼职板块,上面刊登的实习机会针对性较强。

③校园 BBS。更新速度快,时间性强,但可能出现一些鱼龙混杂的现象,大学生需要仔细辨别。

④他人介绍。这是一个很重要的途径,因为很多公司的实习机会都不会公开招聘。所以可以向老师、家长、亲朋好友等传达你要实习的信息。特别强调一点,对于毕业生流向很集中的专业的同学来说,譬如金融、建筑相关专业,尤其要重视与师兄师姐的联系,可以及时知道招聘、实习信息。

(3)职业生涯规划与社会实践结合方式及注意事项。

①挂职锻炼。

为了让大学生们更好地了解国情、认识社会,学会为人处事、锻炼合乎实际的思维方式和工作方法,在实践中不断深入理解岗位职责,提高道德境界、增长知识才干,在高校共青团组织联合学校相关部门与社会各界的共同努力下已经开展了形式多样的深入社区、深入基层、深入农村的挂职锻炼,取得了很好的社会效果。其中多数是在暑假和寒假这样的长假期,也有高校开展固定的挂职锻炼,如一周内两天在社区某个职位,其余几天在学校学习等,也有休学一年在某个职位挂职直至一项工程、工作顺利完工才返回学校继续学习,等等。参与该项活动的地方领导对此表示赞赏并给出如下评价:"这可以成为企事业单位庞大的智力资源库,为和谐社会的发展注入新鲜的活力;也是从源头培养青年党政干部工作的重要组成部分。"

现在很多在校大学生规划自己将来要考选调生或公务员,其中部分同学从性格特点和特长能力来讲都不适合做公务员,之所以有这样的打算和计划完全是出于社会舆论或父母所愿,如果是这种情况,考不上是个人力、财力上的浪费,考上也可能是职位、人才双浪费。然而通过挂职锻炼可以让大学生亲身体会做公务员的生活和工作,如果他适应不了或很反感这种工作,即便社会地位再高,对他来讲都没有多大的意义。

②深入行业体验,了解行业发展前景和动态。

通过对自己所学专业对应的行业或自己感兴趣的行业进行深入调研,采访行业内有代表性的企事业单位和相关的专业人士来完成以下几部分内容:行业概述、行业现状、发展趋势、需要技能、福利待遇、工作状态、著名公司、典型公司介绍并撰写行业调研报告。在对行业有清楚认识后也可以增强自我信心,为自己的人生规划提供科学依据,可以更进一步明确自己的发展方向,同时这样的实践结果也对同专业的同学和师弟师妹有很大的帮助。

③进行"岗位"体验,找出自己与社会人之间真正差距所在。

企业在招聘员工时经常提出工作经验的要求在企业的实习经历,对毕业生了解职场、提高就业竞争至关重要。现在很多大学生在就业时因不懂简单礼仪和日常办公室常见工作而被拒之门外,所以通过亲临企业单位,学习和了解这些很重要。企业也反映大学生缺乏职业道德,所以在招聘大学生时也很惧怕。通过深入目标企业进行入职体验,一方面可以找出自己与在职人员之间真正差距所在,也可以找出自己与目标职位之间的真正差距,为修订完善行动方案提供指南,另一方面也可以帮助学生认识工作世界,探索职业内容,以作为个人生涯发展的参考。

(4)调查各企事业单位潜在用人机会,实现真正就业。

职业规划的最终目的是找到一个自己喜欢并适合自我发展的职位,通过这项工作可以实现此目的。现在很多单位有些职位是处于一种有合适人选就招,无合适人选就维持现状,所以处于一种模糊状态,应届毕业生由于缺乏工作经验和业务能力,所以一般也不会赢得这种机会。但是通过参与一定的社会调查争取与企业单位负责人面对面接触,在了解这种潜在招聘机会的同时尽量推销自己,给负责人留下良好的印象,并根据单位用人标准制订自己的行动方案,在合适的时候加入中意的单位。

(5)参加志愿者服务或者义务工作。

大学生心地善良,怀有一腔热情想奉献给社会,但由于缺乏合适途径和时机,所以有时处于一种有力无处使的状态,可以在假期利用自己的空余时间,为改善社会服务、促进社会进步而提供服务,也可以参加义务支教、支农、支医活动,真正接触社会,了解党和国家相关的利民、富民政策,也可为一些突发事件,如旱涝灾害增添力量,贡献爱心,履行自己作为公民的义务。

5.3 全球胜任力

1. 什么是全球胜任力

全球胜任力是面对目前全球化环境应运而生的一种综合能力,是在世界多元化背景下我国崛起并在世界事务中扮演重要角色必须具备的一种能力。全球胜任力是指具有从多个角度批判地分析全球和跨文化议题的能力,能够以一种辩证发展的思维去分析问题,用带有批判性的眼光看待全球竞争中凸显的问题,全球化势必会造成世界各国方方面面的交叉融合,如何在这个过程中找到一个平衡点就是需要全球胜任力这种能力得以解决;其次,全球胜任力是指具有理解差异的能力,地理、文化、宗教不同等因素造成的思想观念的不同,这在交流合作中是不得不考虑的关键问题,而这种对自我和他人认知判断的能力也是全球胜任力中一种重要的能力,这种面对差异的包容认知能力可以说是解决全球问题的基础。最后,全球胜任力必须具备在尊重人类尊严的基础上,当面对不同背景的他人时能够进行开放、适宜、有效的互动的能力,开放、包容、连通等是尊重不同背景差异的润滑剂,以一种开放的姿态、包容的胸怀去进行有效的互动是全球胜任力的重要特性。

2. 全球胜任力的三个目标维度

美国外语专家理查德·兰伯特认为全球胜任力应该包括五大要素:知识、同理心、支持、外语能力、工作表现。也就是说,具备全球胜任力的人必须具备国际视野的知识,熟悉国际相关规则,具有面对差异、面对困境所表现出的同情理解的心理,具备支持一切向善的东西,支持一切合理合法的规则等的表现,具备熟练的外语听、说、读、写的能力,没有语言交流的障碍,具有端正、负责、果断的工作表现。而在2004年他提出了新的评价全球胜任力的体系,认为全球胜任力应具备如下几个方面的目标维度。

①知识:能够具有理解自身的文化规范与期望的背景知识以及理解他人的文化规范与期望的知识;能够认清国际形势并理解"全球化"的内涵;能够具备当

今世界性事件的知识并能够分析得出自己的见解;具有系统的世界历史发展的知识体系。

②技能与经历:具有在不同背景下开展合作学术交流活动以及职业培训交流的相关宝贵经验;有能够评估社会与商业情境下的跨文化表现的经历;有辨识文化差异,能够进行跨文化合作交流的能力,能够有效参与世界上任何地方的商务与社会情境事务的相关技能。

③态度:能够清楚地认识到自己的世界观的局限性,具有认识世界存在多种多样的文化价值观的意识;有走出自己的文化背景,单纯作为"外来者"来体验不同文化生活的心态;能够对新鲜事物保持开放的态度,有追求跨文化学习与个人发展的想法;尊重文化差异,勇于欣赏文化的多样性。

3. 大学生到国际组织实习任职

(1)什么是国际组织。

国际组织的通常定义是:来自两个以上的主权国家成员(含政府和非政府成员)为实现其共同的利益,根据某种协定而建立的常设性组织。按照参与主体性质分类,国际组织可以分为政府间国际组织和非政府间国际组织。例如,联合国就是全世界最大的政府间国际组织。

党的十九大发出"构建人类命运共同体"的伟大倡议,庄重宣示了"继续发挥负责任大国作用,积极参与全球治理体系改革和建设,不断贡献中国智慧和力量"的真诚愿望。国际组织是制定国际规则、协调多边事务、分配国际资源的重要平台,是深化全球治理、调整国家间关系、推动国际关系向前发展的重要力量,是中国为世界贡献更多中国智慧、中国方案、中国力量的重要舞台。

国际组织职员是将组织法定授权转化为具体运作程序和行动使命的关键与核心所在。遗憾的是,当前我国在国际组织雇员中代表比例严重不足,中高级职位普遍空缺,已经成为我国在全球治理中发挥实质作用的制约。为此,尽快培养一大批通晓国际规则且具有国际视野的高素质、复合型人才生力军,是中国在新时代进一步提升国际事务制度性话语权、构建全球公平正义新秩序、实现宏伟中国梦的重要着力点。为了给有潜力、有志向的优秀学生铺就国际组织实习任职之路,从国家到高校,从官方机构到民间团体,都提供了许多可供利用的资源。

(2)国家支持大学生到国际组织实习任职相关政策。

首先,相关信息平台的信息获取至关重要,教育部主办的"高校毕业生到国际组织实习任职信息服务平台"(http://gj.ncss.org.cn/index.html)以及人力资源和社会保障部主办的"国际组织人才信息服务平台"(http://www.mohrss.gov.cn/SYrlzyhshbzb/rdzt/gjzzr cfw/)对主要国际组织的基本情况、国际组织人事制度等均有详细介绍,并对国内各高校或相关协会开展的国际组织人才培养项目有定期推介,与中国较为相关的国际组织资讯、部分国际组织招聘信息也会第一时间在平台上推出。青年如果有志于进入国际组织实习或工作,很有必要及时关注。

其次,国家有关部委也在积极开展国际组织人才方面的培训、讲座活动。例如,由人力资源和社会保障部、教育部主办的"鼓励支持大学生到国际组织实习任职全国高校巡讲活动",目前已经先后在西安、广州、上海、北京四地成功举行,共有39所高校的200余名师生参加巡讲,为加深青年学生对国际组织的了解,增长应聘知识和技能,及时了解国家最新政策信息起到了良好作用。

再次,为了帮助已自主申请获得国际组织实习机会的学生顺利度过实习期,国家留学基金委在2017年8月份出台了《留学基金资助全国普通高校学生到国际组织实习选派管理办法(试行)》,该办法明确了获得资助的同学将享有一次性往返国际旅费,资助期限内的奖学金和艰苦地区补贴,奖学金包括伙食费、住宿费、交通费、电话费、医疗保险费、交际费、一次性安置费、签证延长费、零用费等。

此外,根据与相应国际组织签署的合作协议,国家留学基金委采取"个人申请,单位推荐,专家评审,择优录取"的方式选拔资助优秀学生赴该国际组织总部及其地区办事处(驻华办事处除外)实习。国家留学基金委已先后开展了赴国际民航组织、联合国教科文组织、国际电信联盟实习人员的选派工作。

(3)国际组织实习申请步骤。

有意者需密切关注相关国际组织官网或信息服务平台上的实习招聘信息,申请人需确认是否有资格申请,是否符合专业、学历、能力素质、实习时间等相关要求,选择意向岗位申报,并在个人陈述中予以说明,值得注意的是,一定要慎重考虑申报岗位,如果录取后放弃资格会严重影响个人的信誉程度。

申请者通过官网注册账户,填写一份完整的在线申请,按申请材料清单准备简历、求职信、推荐信、学历证明、获奖证明、培训资格证书等材料作为附件上传。申请者在网站提交申请后,等待国际组织的考核通知,一般只有不到10%的应聘者进入面试阶段,从这一点来看,面试机会本身已经表明应聘成功了一大步。国际组织一般采用网络视频面试,通常需要30分钟到1个小时,主要确认应聘者性格和能力是否符合该岗位,官方面试语言为英语和法语,在面试中要尽可能地体现出自己具备与岗位所匹配的能力,并且"非常想要在这里实习"的意愿。自信的表现方式、谦虚的态度、自然的手势、视线、声音等也是需要注意的地方。

经过几个月的等待,如果你拿到了录用通知,那么恭喜你,你向国际组织迈出了重要的一步。由于国际组织均为无薪实习,这是一笔不小的开销,建议你尽快到国家留学基金委网站申请实习资助,留学基金委目前全年开放申请通道,拿到留学基金委实习资助函后就可以办理相关手续,按照留学基金委有关规定成功派出。

6 大三下
生涯决策与目标确立

6 大三下　生涯决策与目标确立

我们成为什么样的人,可能不在于我们的能力,而在于我们的选择。

——《朗读者》节目

找准生涯方向

请回顾之前进行的自我探索与外部探索,通过自我取向系统及外部环境系统的整合与分析,厘清你的生涯方向。

我的职业生涯方向分析表

自我取向系统	环境探索系统
个人兴趣、性格、能力、职业价值观等	宏观环境、行业环境、典型组织、期望岗位等
自我取向系统的整合结果	外部环境系统的整合结果
我的职业生涯发展方向	
我的大学生涯目标	

生涯决策平衡单

当我们发现了自己感兴趣的职业方向,也已经对几个候选的选项有了深入了解之后,我们往往会陷入无法选择的境地,这时,我们可以使用"生涯决策平衡单"来帮助决策。生涯决策平衡单使用指南请见生涯阅读。

选项		选择一		选择二		选择三	
考虑因素	权重	分数	加权分数	分数	加权分数	分数	加权分数
总分							

注:生涯决策平衡单中每个指标的重要程度、不同方案在同一指标上的得分会因时间、地点以及其他一些主客观因素的变化而变化,因此,生涯决策平衡单具有时效性,这就要求我们在做生涯决策时,要认真思考哪些才是真正重要的价值指标,并合理为它们打分

国内深造准备清单

请收集目标学校、相关专业的具体招生信息,做好国内读研准备。

目标院校	大学位置及特点	目标专业	专业简介及特色	往年招生录取要求	往年招生录取流程

6 大三下　生涯决策与目标确立

 出国留学准备清单

请收集目标学校、相关专业的具体招生信息，做好出国留学准备。

目标院校	大学位置及特点	目标专业	专业简介及特色	招生录取要求	招生录取流程

求职准备清单

请收集目标企业、意向岗位的具体招聘信息,做好求职准备。

目标企业	地域城市	意向岗位	招聘要求	招聘流程	其他信息

生涯准备程度自评

根据你对生涯计划的实际准备程度,对下列项目进行自我评估。
标注"○"(优秀),"△"(普通),"×"(不足)。

生涯目标	评价项目	自我评价	综合评价及行动策略
例:保研	学习成绩是否在前20%	△	大三学年所有科目学分绩保持在85以上
例:出国	雅思考试	○	雅思成绩6.5已完成,其中口语在大三结束前提升至6分
例:考研	目标院校专业科目"机械设计"学习进度	×	本学期结束前通读教材2遍
例:求职	简历准备	△	基本信息已完成,针对目标企业"一对一"修改简历

制订阶段性目标

根据生涯计划的实际准备程度评估,制订接下来实现生涯计划的分阶段目标。

生涯目标	具体项目	达成时间	实现生涯计划的分阶段目标

6 大三下　　生涯决策与目标确立

行动篇

没有方向的船,什么风都不是顺风。

——李开复

第6学期梦想清单

它们可以很抽象,也可以很具体;可以很伟大,也可以很平凡;可以很严肃,也可以很活泼。请梳理你的想法,列一张自己的学期梦想清单。

6 大三下 生涯决策与目标确立

 第6学期学业规划

个人学业规划是对教学计划内课程和课外课程的学习目标进行规划。

类别	课程名称	预期目标	行动计划
公共课			
专业课			
选修课			
技能操作			
课外学习			

第6学期课程表

时间	星期一	星期二	星期三	星期四	星期五	星期六	星期日

第6学期成长规划

大学生在大学期间要养成健康的生活习惯,培养健康的兴趣爱好,建立良好的人际关系,树立正确的爱情观,要在专业学习上积累知识,同时为下一阶段步入职场做准备,积极参加各种学生活动与社会实践,锻炼自己各方面的能力。

学期成长规划主要从学习进修、职业发展、人际交往、个人情感、身心健康、休闲娱乐、财务管理、家庭生活、服务社会等全面发展的角度进行规划。

学习进修	职业发展	人际交往
个人情感	身心健康	休闲娱乐
财务管理	家庭生活	服务社会

第1月月计划

　　理想的实现是一个循序渐进的过程,它必须一步一个脚印,脚踏实地地去行动。因此,我们要学会把中长期目标分解细化成若干个小的短期目标,实施具体的行动计划和步骤,一步步靠近理想。请根据学期成长规划和学业规划在每个月第一天制订月目标和月计划。

目标	预期成效	完成时间	行动策略

6　大三下　　生涯决策与目标确立

 第1月月记录

月　日~　月　日

星期一	星期二	星期三	星期四	星期五	星期六	星期日

本月重要事项

本月习惯养成训练

第1周满意度 ☆☆☆☆
第2周满意度 ☆☆☆☆
第3周满意度 ☆☆☆☆
第4周满意度 ☆☆☆☆
第5周满意度 ☆☆☆☆

第 1 月月复盘

生涯发展是一个动态的过程,一些不确定的因素会使原来制订的计划与现实情况有所偏差,阶段性总结、反思、评估、修正,有助于我们及时调整生涯规划。

本月满意度评估(1~10 分):_____

满意完成事项:_____

复盘没有完成的事

寻找障碍背后的深层理由

找到下个月的提升点

第2月月计划

理想的实现是一个循序渐进的过程,它必须一步一个脚印,脚踏实地地去行动。因此,我们要学会把中长期目标分解细化成若干个小的短期目标,实施具体的行动计划和步骤,一步步靠近理想。请根据学期成长规划和学业规划在每个月第一天制订月目标和月计划。

目标	预期成效	完成时间	行动策略

第 2 月月记录

月　日~月　日

星期一	星期二	星期三	星期四	星期五	星期六	星期日

本月重要事项

本月习惯养成训练

第 1 周满意度 ☆☆☆☆☆
第 2 周满意度 ☆☆☆☆☆
第 3 周满意度 ☆☆☆☆☆
第 4 周满意度 ☆☆☆☆☆
第 5 周满意度 ☆☆☆☆☆

6　大三下　　生涯决策与目标确立

 第 2 月月复盘

生涯发展是一个动态的过程,一些不确定的因素会使原来制订的计划与现实情况有所偏差,阶段性总结、反思、评估、修正,有助于我们及时调整生涯规划。

本月满意度评估(1~10 分):_____

满意完成事项:_____

复盘没有完成的事

寻找障碍背后的深层理由

找到下个月的提升点

第3月月计划

　　理想的实现是一个循序渐进的过程,它必须一步一个脚印,脚踏实地地去行动。因此,我们要学会把中长期目标分解细化成若干个小的短期目标,实施具体的行动计划和步骤,一步步靠近理想。请根据学期成长规划和学业规划在每个月第一天制订月目标和月计划。

目标	预期成效	完成时间	行动策略

6 大三下　　生涯决策与目标确立

 第 3 月月记录

月　日~　月　日

星期一	星期二	星期三	星期四	星期五	星期六	星期日

本月重要事项

本月习惯养成训练

第 1 周满意度 ☆☆☆☆☆
第 2 周满意度 ☆☆☆☆☆
第 3 周满意度 ☆☆☆☆☆
第 4 周满意度 ☆☆☆☆☆
第 5 周满意度 ☆☆☆☆☆

第3月月复盘

　　生涯发展是一个动态的过程,一些不确定的因素会使原来制订的计划与现实情况有所偏差,阶段性总结、反思、评估、修正,有助于我们及时调整生涯规划。

　　本月满意度评估(1~10分):_____

　　满意完成事项:_____

复盘没有完成的事

寻找障碍背后的深层理由

找到下个月的提升点

第4月月计划

理想的实现是一个循序渐进的过程,它必须一步一个脚印,脚踏实地地去行动。因此,我们要学会把中长期目标分解细化成若干个小的短期目标,实施具体的行动计划和步骤,一步步靠近理想。请根据学期成长规划和学业规划在每个月第一天制订月目标和月计划。

目标	预期成效	完成时间	行动策略

第4月月记录

月　日~月　日

星期一	星期二	星期三	星期四	星期五	星期六	星期日

本月重要事项

本月习惯养成训练

第1周满意度☆☆☆☆☆
第2周满意度☆☆☆☆☆
第3周满意度☆☆☆☆☆
第4周满意度☆☆☆☆☆
第5周满意度☆☆☆☆☆

6　大三下　　生涯决策与目标确立

 第 4 月月复盘

生涯发展是一个动态的过程,一些不确定的因素会使原来制订的计划与现实情况有所偏差,阶段性总结、反思、评估、修正,有助于我们及时调整生涯规划。

本月满意度评估(1～10分):_____

满意完成事项:_____

_____

复盘没有完成的事

寻找障碍背后的深层理由

找到下个月的提升点

第6学期末评估与总结

还记得学期初制订的个人学业规划和成长规划吗?
现在请回顾经过这一个学期你的目标完成情况。

学期总结表

目标	完成情况	主观原因/客观原因	调整与改进	反思总结

6 大三下 生涯决策与目标确立

对于第 6 学期,你的总体满意度是多少分? (1～10 分)

第 6 学期什么事让你感到特别有成就感?把这些事写下来并给自己一个奖励吧。

_____

_____

_____

第 6 学期你最大的收获是什么?

本学期你支持了谁?帮助了谁?

本学期你最想感激的人是谁?为什么?

本学期有哪些遗憾?你准备如何改进和提高?

假期记录与总结

假期是一段很有意义的时光,会有更多的时间去充实和丰富自己。
看看你的梦想地图,哪些梦想你希望在假期里实现。
把这些目标填进表格里,并列出具体的行动策略。
一件件去完成吧!

目标	行动策略	完成时间	反思总结

6　大三下　　生涯决策与目标确立

假期结束了,这个假期你过得怎么样? 总体满意度是多少分? (1~10分)

对于这个假期,你做的最有价值的事情是什么?

对于这个假期,你最大的收获是什么?

对于这个假期,有哪些遗憾? 你准备如何改进和提高?

新学期就要开始了,你有什么新的目标呢?

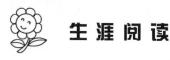

生涯阅读

6.1 正确认识决策

1. 什么是决策

决策是根据所获得的信息,在多项选择之间权衡利弊,以达成最大价值的历程。任何决策都是在前一段经历的基础上进行的,并且是下一段经历的开始,因此起着承前启后的作用。个人根据当下的情况做出判断,既会用到理性分析,也会用到感性直觉,最终是要多选一。

合理决策离不开两个要素:首先,决策需要获得信息,凭空做决定很难称为决策,而更像是"赌博",对于结果的出现全靠运气。其次是要在多个选项或条件之间进行权衡,考虑的因素应尽可能全面到位,才能给理性以发挥作用的空间。

2. 正确认识决策

(1)决策无处不在。

大到人生方向,小到日常作息,可以说决策无处不在。连续的决策构成了我们整个生活的连贯性,所以有人说"一个人是其所有决定的综合"。重大时刻的决策能力不是凭空而来的,必须建立在大量小决策练习基础之上,因此意识到决策无处不在非常必要,让我们有意识地开始把每一个决定都当作练习。

(2)决策无法完美。

决策之所以存在,就是因为没有一条十全十美的道路,我们必须要在多种想要的东西里面进行选择和舍弃,因此也有人说决策是一门"放弃的艺术"。既然决策的不完美几乎是注定的,所以一开始就不需要有完美的期待,这样也会让决策的过程少了很多不必要的纠结,从而提高决策的效率。

(3)决策就是冒险。

有些人不选择,是担心选择以后结果不能被保证。分析决策的本质,会发现决策本就是站在现在的人,基于过去已经掌握的信息,朝向未来去冒险。对于未来谁都不能做出保证,但成熟的人都需要承受朝向未来的冒险。我们能做的就是提高决策的科学性,并且提高自己抵御风险的能力,让自己能够承受最坏的结果。

(4)决策包含行动。

从整体来看,决策不仅仅是一道大脑中的选择题,还包括选择之前和之后的更多环节,这些环节都需要行动的参与。在选择之前,最重要的行动就是收集信息,进行报考网络调查、人物访谈等。在选择之后,结果不会自动到来,还要通过行动去实现。真正行动起来的人,是没有时间在决策面前徘徊、焦虑的。

6.2 认知信息加工理论

认知信息加工理论(简称 CIP 理论)是生涯选择和发展理论体系中迅速扩展的新的重要理论,重点研究个体如何进行信息处理。1991 年,以彼得森(Peterson)为代表的团队提出了从认知信息加工的角度对生涯进行新的思考。CIP 理论重点关注在生涯问题解决和决策中,大脑如何接收、编码、储存和利用信息与知识,强调生涯问题的解决是一个认知的过程。

心理学认为,保持在长期记忆中不同种类的知识,对一个人做出职业的决策是极为重要的。为了解释这个问题,彼得森等人建构了"信息加工金字塔模型"(图 6.1)作为 CIP 理论的基本框架,主要分为知识领域、决策领域以及执行处理领域。

图 6.1 CIP 理论基本框架(彼得森等,1991)

知识领域主要包括两部分:职业知识和自我知识。"职业知识"中储存了和职业相关的知识,理解特定的职业和不同职业之间的组织方式,比如程序员需要何种编程能力,待遇如何,程序员和项目经理之间有何异同等。"自我知识"包含了与个人经验、兴趣、能力和价值观相关的信息,比如自己擅长的事情,喜欢的事物,觉得十分重要的事件等。这些信息会保存在长期记忆之中,在进行生涯决策的时候进行提取,内容的丰富性与可靠性为之后的决策提供了基础。

决策领域类似于计算机的程序,是个体处理信息的一种方式。针对这个问题,许多人做出了相关的研究,结果发现最基本的决策的能力和方式主要有五个步骤:沟通(Communication)、分析(Analysis)、综合(Synthesis)、评估(Evaluation)和执行(Execution),简称 CASVE。

(1) 沟通的主要任务是识别问题的存在。这是"意识到我要做一个选择"的阶段,在这个阶段我们从认知和情感上充分接触问题,识别到问题信号,当我们不能再置之不理的时候,我们开始理解并接纳问题的存在,探究问题的成因。通常,问题的出现根源在于理想和现实之间的差距,差距的信息可通过内部或外部沟通的方式传达给我们。

(2) 分析的主要任务是考虑各种可能性。这是一个"了解我自己和我的选择"的阶段,首先要分析自己,了解自身特质,其次是分析选项,识别问题的源头,剖析问题成因。将二者进行联系比较,发掘各种解决问题的方案,考虑自己的各种特质能够如何发挥。

(3) 综合的主要任务是形成方案。这是"扩大及缩小我的选择清单"的阶段。将前两阶段的所有信息进行整合,通过发散思维扩展已知信息,创造出若干的解决方案,以量取胜;再进行聚合思维,通过细密的思考删除或调整不合适的方案,以质取胜。这两种思考方式的目的在于,初步形成几套相对可靠的解决方案,然后进行全面细致的评价。

(4) 评估的主要任务是方案的排序。确定方案至少有两个步骤:第一步,评估方案的利弊得失,评估每种选择对自身及他人的影响,比如选择职业 A,那么这个选择对自己和自己的家庭及孩子有什么影响?每种选择的影响都要从对自己和对他人的代价和收益两方面考虑。第二步,对分析阶段产生的选择按优先级排序,操作过程中,当事人将面临矛盾的价值取舍时,这种冲突会在认知、情绪和行为中有所表现,比如焦虑不安、逃避退缩等情况。通常情况下,首选方案最能够解决理想状况和现实之间的落差,在方案失效时才会考虑备选方案。在这一阶段,当事人会经历一段"下决定的后悔期"。其表现为当事人对第一方案缺点的评价值上升、优点的评价值下降,而第二方案则相反,最后会合理化自己的选择,做出最终选择。

(5) 执行的主要任务是采取行动,解决问题。本阶段就是将确定的方案付诸行动,这是"实施我的选择"的阶段,在这一阶段,需要确定一系列的计划,盘点一下自己的资源来达到自己设定的目标,同时也要及时调整,然后聚焦那些能够让目标达成的具体行动,同时也要控制一下做出这一选择的风险。

好的决策依赖每一阶段的成功,某一个环节出现问题,很可能对整个问题的解决产生负面的影响。其中最关键的三个阶段是沟通、评估和执行。首先沟通阶段可能被问题压垮,无所适从,感到沮丧、焦虑、迷茫和消沉等,无法摆脱这些负面情绪则难以进入分析或综合阶段。再是评价阶段,迷惑会是主要的状态。即使方案已经缩小了范围,在激烈的价值冲突下仍然无法做出抉择,可能产生挫败感,更严重的则可能会回到最开始的沟通阶段。最后是执行,这往往是最困难的阶段,因为难以将任务具体细分成小步骤,容易被任务的模糊和不确定所吓倒,过分夸大环境的消极因素。只有将每一个阶段踏实完成,在出现问题的时候才会有足够的信息继续执行,更好地解决问题。

决策的 CASVE 循环如图 6.2 所示。

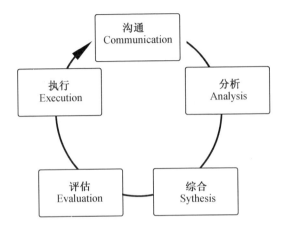

图 6.2　决策的 CASVE 循环

6.3　生涯决策平衡单

当我们发现了自己感兴趣的职业方向,也已经对几个候选的选项有了深入了解之后,我们往往会陷入无法选择的境地,这时我们可以使用"生涯决策平衡单"来帮助决策。下面是决策平衡单和使用指南:

(1) 列出选择过程中关注的因素。

(2) 为每个因素的重要性打分。通常生涯选择过程中关注的因素不超过 8 个。因素填写完成后,请按照你对各个因素的重视程度赋予相应的权重:最重要为 10,最不重要为 1。

填写时不需要将因素按加权值进行排序,可以出现相同的权重,但是不能超过两个。如关注因素可能有家庭距离,加权可以为 7;能力提升,加权可以也为 7;家庭经济负担,加权为 6(此时加权值不能为 7,已经出现两个 7 的加权)……按照这种方式列出 8 个因素。

常用的生涯考虑因素(供参考):个人兴趣、专业对口、经济报酬、成就感、智慧能力运用、生活方式、社交关系、名声地位、工作环境、安全感、自主性、利他助人、发展前景、冒险与挑战、创造力等等。

(3) 列出当前存在的选项,描述越明确越好,2～3 个最合适。

(4) 为每个职业选项的不同因素进行评分。在选项和关注因素的交叉格,按照该选项对应因素的满足状况进行打分,1分最差,10分最好。

填写时请根据不同的要素横向打分,在打分时将每个职业选项进行横向比较。依次将每一个因素进行横向比较后打分。打分为整数分数。

(5)计算加权总分。在每个评分右边的"加权分数"里计算该项的加权分数;加权分数=权重×分数。将加权分数进行累加,得到该项的总分(表6.1)。

表6.1 生涯决策平衡单举例

选项		选择一 就业		选择二 国内读研		选择三 出国深造	
考虑因素	权重	分数	加权分数	分数	加权分数	分数	加权分数
家庭距离	2	9	63	7	28	1	7
能力发展	7	7	49	9	63	9	63
专业对口	7	6	54	9	63	3	27
发展前景	8	6	48	9	72	9	72
冒险与挑战	5	7	35	7	35	9	45
幸福感	5	6	30	9	45	1	5
经济负担	9	9	81	6	54	1	9
总分			360		360		228

(6)回顾和调整。整体看生涯决策平衡单,有没有哪一项的分数是需要调整的,现在进行调整。

(7)调整过后请选出最终选项。

思考几个问题:

①这张表格反映了你的内心想法吗?为什么?

②如果做完之后仍想选择得分少的一项,是否是有什么价值观被遗漏了,或者没有被澄清?

③做好决策之后如果有遗憾,有没有方法可以弥补?

7 大四上

向目标发起冲刺

7　大四上　　向目标发起冲刺

 认 知 篇

我不相信命运,我只相信我的手。我不相信手掌的纹路,但我相信手掌加上手指的力量。

——毕淑敏

生涯规划方案评估与调整

最后一个学年开始了,请检查一下,两大系统是否有哪些要素发生了显著变化并影响了你的生涯方向?你的生涯目标是否需要做调整,由此你需要做出哪些行动来达到你的生涯目标?

调整时间: 年 月 日	
自我取向系统(修正)	外部环境系统(修正)
个人兴趣、性格、能力、职业价值观等	宏观环境、行业环境、典型组织、期望岗位等
自我取向系统的整合结果再确认	外部环境系统的整合结果再确认
原职业生涯方向	调整后的职业生涯方向
我的大学生涯目标调整	
行动方案调整	

7　大四上　　向目标发起冲刺

 读研准备情况

项目名称	准备进度	下一步行动策略
例:参加推免生考试	已完成简历	准备自我介绍

备注:

出国准备情况

项目名称	准备进度	下一步行动策略
例:推荐信	已有目标老师	联系老师预约会面时间并商谈推荐内容

备注:

7 大四上　　向目标发起冲刺

 求职准备情况

项目名称	准备进度	下一步行动策略
例:目标企业网申	已注册账号并提交申请	准备笔试,等待笔试通知

备注:

打造个人简历

姓名：
电话：
E-mail：
政治面貌：

照片

求职意向
-
-

教育背景

主修课程

相关技能
- 英语：CET6（＿＿/710 分）、CET4（＿＿/710 分）、
- 相关软件：Microsoft Office、＿＿＿＿、＿＿＿＿、＿＿＿＿

实习实践

学生活动

获得荣誉与奖项

兴趣爱好

书写我的成就事件

回顾大学生活,请写下令自己最有成就感的三个具体事件,用 STAR 行为事件描述法进行书写,尽可能用数字、行为动词等去描述细节。可体现个人领导力、团队精神、沟通能力、分析和解决问题能力等,不同的事件中尽量表现出来不同的能力。

S——Situation,情景,当时面临什么情况、团队多少人、时间期限等。

T——Target,目标,目标是什么,需要完成的任务是什么。

A——Action,行动,采取了哪些行动来达成目标,如何克服困难。

R——Result,结果,最后结果如何,他人评价反馈。

面试锦囊

求职过程中,有一个重要环节就是面试。在简历筛选后,往往用人单位通过设置面试环节,考察候选人的综合素质,作为是否录用的评判依据。在真正的面试前,不妨和同学、伙伴来一场模拟面试,看看自己将如何征服面试官吧!

问题范例:
1. 请简单介绍一下你自己。
2. 请用5个词来描述自己。
3. 谈谈你的专业/技术技能。
4. 谈谈你对这个岗位的理解。
5. 你为什么应聘我们企业?
6. 你有哪些能力或者特长胜任这个岗位?
7. 你所学的专业是生物工程,但你应聘的却是人力资源方面的工作,原因是什么?
8. 从你的简历中得知,你曾经担任过××职务,那么作为××,你的职责有哪些?
9. 你的成绩如何?
10. 从你的成绩单上看,你的大学成绩似乎不太稳定,你自己是怎么看的?除了成绩单以外,你还有什么可以证明自己学习能力的吗?
11. 请举出一件你过去经历中能够证明你具备相当的学习能力的一件事。
12. 有些时候,我们不得不和自己不喜欢的人共事。讲一段你在这方面的经历。
13. 你参加一个公司的面试,一开始面试官对你的态度很和蔼,可是不知为什么,他的态度突然180度转变,显出很不耐烦的神情,在这种情况下,你该如何应对?
14. 请举事例说明你的创新能力。
15. 你做过哪些相关的实习?收获是什么?
16. 请介绍一个较成功的实习/活动经历。
17. 请描述一下你在某次活动/工作中的职责,有哪些成就。
18. 谈谈你的优点。
19. 谈谈你有哪些弱点或者不足。
20. 你觉得自己完美吗?
21. 请比较一下你和其他的某位应聘者。

22. 请介绍一下你的长期和短期计划。
23. 请谈谈你对未来的职业规划。
24. 你有哪些兴趣爱好？
25. 你有什么问题要问我吗？

求职日程表

时间地点	企业名称	具体事项	需准备材料	反思总结

7 大四上　　向目标发起冲刺

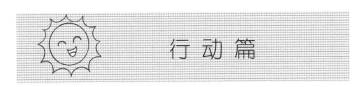

其实我们每个人的生活都是一个世界，即使最平凡的人也要为他生活的那个世界奋斗。

——路　遥

第 7 学期梦想清单

它们可以很抽象,也可以很具体;可以很伟大,也可以很平凡;可以很严肃,也可以很活泼。请梳理你的想法,列一张自己的学期梦想清单。

7　大四上　　向目标发起冲刺

 第 7 学期学业规划

个人学业规划是对教学计划内课程和课外课程的学习目标进行规划。

类别	课程名称	预期目标	行动计划
公共课			
专业课			
选修课			
技能操作			
课外学习			

第 7 学期课程表

时间	星期一	星期二	星期三	星期四	星期五	星期六	星期日

7 大四上 向目标发起冲刺

 第7学期成长规划

大学生在大学期间要养成健康的生活习惯,培养健康的兴趣爱好,建立良好的人际关系,树立正确的爱情观,要在专业学习上积累知识,同时要为下一阶段步入职场做准备,积极参加各种学生活动与社会实践,锻炼自己各方面的能力。

学期成长规划主要从学习进修、职业发展、人际交往、个人情感、身心健康、休闲娱乐、财务管理、家庭生活、服务社会等全面发展的角度进行规划。

学习进修	职业发展	人际交往
个人情感	身心健康	休闲娱乐
财务管理	家庭生活	服务社会

第1月月计划

　　理想的实现是一个循序渐进的过程,它必须一步一个脚印,脚踏实地地去行动。因此,我们要学会把中长期目标分解细化成若干个小的短期目标,实施具体的行动计划和步骤,一步步靠近理想。请根据学期成长规划和学业规划在每个月第一天制订月目标和月计划。

目标	预期成效	完成时间	行动策略

7 大四上   向目标发起冲刺

 第 1 月月记录

月　日 ~ 月　日

星期一	星期二	星期三	星期四	星期五	星期六	星期日

本月重要事项

本月习惯养成训练

第 1 周满意度 ☆☆☆☆☆
第 2 周满意度 ☆☆☆☆☆
第 3 周满意度 ☆☆☆☆☆
第 4 周满意度 ☆☆☆☆☆
第 5 周满意度 ☆☆☆☆☆

第 1 月月复盘

生涯发展是一个动态的过程,一些不确定的因素会使原来制订的计划与现实情况有所偏差,阶段性总结、反思、评估、修正,有助于我们及时调整生涯规划。

本月满意度评估(1~10分):_____

满意完成事项:_____

复盘没有完成的事

寻找障碍背后的深层理由

找到下个月的提升点

7　大四上　　　向目标发起冲刺

 第 2 月月计划

理想的实现是一个循序渐进的过程,它必须一步一个脚印,脚踏实地地去行动。因此,我们要学会把中长期目标分解细化成若干个小的短期目标,实施具体的行动计划和步骤,一步步靠近理想。请根据学期成长规划和学业规划在每个月第一天制订月目标和月计划。

目标	预期成效	完成时间	行动策略

第 2 月月记录

月　日~　月　日

星期一	星期二	星期三	星期四	星期五	星期六	星期日

本月重要事项

_____

_____

本月习惯养成训练

_____

第 1 周满意度 ☆☆☆☆
第 2 周满意度 ☆☆☆☆
第 3 周满意度 ☆☆☆☆
第 4 周满意度 ☆☆☆☆
第 5 周满意度 ☆☆☆☆

7 大四上 向目标发起冲刺

 第 2 月月复盘

生涯发展是一个动态的过程,一些不确定的因素会使原来制订的计划与现实情况有所偏差,阶段性总结、反思、评估、修正,有助于我们及时调整生涯规划。

本月满意度评估(1～10 分):_____

满意完成事项:_____

_____

复盘没有完成的事

寻找障碍背后的深层理由

找到下个月的提升点

第3月月计划

　　理想的实现是一个循序渐进的过程,它必须一步一个脚印,脚踏实地地去行动。因此,我们要学会把中长期目标分解细化成若干个小的短期目标,实施具体的行动计划和步骤,一步步靠近理想。请根据学期成长规划和学业规划在每个月第一天制订月目标和月计划。

目标	预期成效	完成时间	行动策略

7 大四上　　向目标发起冲刺

 第 3 月月记录

月　日~月　日

星期一	星期二	星期三	星期四	星期五	星期六	星期日

本月重要事项

本月习惯养成训练

第 1 周满意度 ☆☆☆☆☆
第 2 周满意度 ☆☆☆☆☆
第 3 周满意度 ☆☆☆☆☆
第 4 周满意度 ☆☆☆☆☆
第 5 周满意度 ☆☆☆☆☆

第 3 月月复盘

　　生涯发展是一个动态的过程,一些不确定的因素会使原来制订的计划与现实情况有所偏差,阶段性总结、反思、评估、修正,有助于我们及时调整生涯规划。

　　本月满意度评估(1~10 分):＿＿＿＿＿＿＿＿＿＿＿＿＿＿＿＿＿＿

　　满意完成事项:＿＿＿＿＿＿＿＿＿＿＿＿＿＿＿＿＿＿＿＿＿＿＿

＿＿＿＿＿＿＿＿＿＿＿＿＿＿＿＿＿＿＿＿＿＿＿＿＿＿＿＿＿＿＿＿

复盘没有完成的事

寻找障碍背后的深层理由

找到下个月的提升点

7 大四上 向目标发起冲刺

 第4月月计划

理想的实现是一个循序渐进的过程,它必须一步一个脚印,脚踏实地地去行动。因此,我们要学会把中长期目标分解细化成若干个小的短期目标,实施具体的行动计划和步骤,一步步靠近理想。请根据学期成长规划和学业规划在每个月第一天制订月目标和月计划。

目标	预期成效	完成时间	行动策略

第4月月记录

月　日~　月　日

星期一	星期二	星期三	星期四	星期五	星期六	星期日

本月重要事项

本月习惯养成训练

第1周满意度 ☆☆☆☆☆
第2周满意度 ☆☆☆☆☆
第3周满意度 ☆☆☆☆☆
第4周满意度 ☆☆☆☆☆
第5周满意度 ☆☆☆☆☆

7　大四上　　向目标发起冲刺

 第4月月复盘

生涯发展是一个动态的过程,一些不确定的因素会使原来制订的计划与现实情况有所偏差,阶段性总结、反思、评估、修正,有助于我们及时调整生涯规划。

本月满意度评估(1～10分):_____

满意完成事项:_____

_____

复盘没有完成的事

寻找障碍背后的深层理由

找到下个月的提升点

第 7 学期末评估与总结

还记得学期初制订的个人学业规划和成长规划吗?
现在请回顾经过这一个学期你的目标完成情况。

学期总结表

目标	完成情况	主观原因/客观原因	调整与改进	反思总结

7 大四上　　向目标发起冲刺

对于第 7 学期,你的总体满意度是多少分?(1~10 分)

第 7 学期什么事让你感到特别有成就感?把这些事写下来并给自己一个奖励吧。

第 7 学期你最大的收获是什么?

本学期你支持了谁?帮助了谁?

本学期你最想感激的人是谁?为什么?

本学期有哪些遗憾?你准备如何改进和提高?

假期记录与总结

假期是一段很有意义的时光,会有更多的时间去充实和丰富自己。
看看你的梦想地图,哪些梦想你希望在假期里实现。
把这些目标填进表格里,并列出具体的行动策略。
一件件去完成吧!

目标	行动策略	完成时间	反思总结

7　大四上　　向目标发起冲刺

假期结束了,这个假期你过得怎么样?总体满意度是多少分?(1~10分)

对于这个假期,你做的最有价值的事情是什么?

对于这个假期,你最大的收获是什么?

对于这个假期,有哪些遗憾?你准备如何改进和提高?

新学期就要开始了,你有什么新的目标呢?

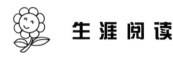

生 涯 阅 读

7.1 生涯规划方案评估与调整

俗话说"计划赶不上变化",影响生涯规划的因素很多,有些因素变化时可以预测,而有些因素的变化难以预测。在此状况下,要使规划设计行之有效,就需要我们根据内外部环境的变化,学会适时评估、修正规划目标并调整行动方案。

1. 职业生涯规划评估与修正的要点

评估可以参照各期预定目标和实际结果比照而行。一般来说,任何形式的评估都可以归结为自我素质和行为对现实环境的适应性判断,分析自己的价值,特别是针对变化的环境,找出偏差所在,并做出修正。

(1) 抓住最重要的内容。猎人如果同时瞄准几只兔子,最终可能一只兔子也打不到。同样,在评估过程中也不必面面俱到,只需抓住一两个关键的目标和最主要的策略方案进行追踪。在职业生涯的某一阶段,如1~2年内或者3~5年内,总有一个最重要的目标,其他目标都是指向这个核心目标的。可以通过优先排序,重点评估那些可能达到这个核心目标的主要策略执行的效果。

(2) 分离出最新的需求。针对已发生变化的内外部环境,要善于发掘最新的趋势和影响,即"与时俱进"。对于新的变化和需求,要探索采用什么样的策略才是最有效的。

(3) 找到突破方向。有时候,在某一点上取得突破性的进展将使整个局面发生意想不到的改变。想一想,先前规划中的策略方案,哪一条对于目标的达成应该有突破性的影响?达到了吗?为什么没达到?如何寻求新的突破?

(4) 关注最弱点。管理学中有一个著名的木桶理论,即一只沿口不齐的木桶,其容量的大小,不取决于最长的那块木板,而取决于最短的那块木板。在反馈评估过程中,要肯定自己取得的成绩与长处,但更重要的是切合变化的环境,发现自身素质与策略的"短板",然后想办法修正,或直接换掉,或接补增长,唯有如此,个人职业生涯这只桶才能有更大的容量。通常来看,个人职业生涯规划中的"短板",多是由规划者的观念差距、知识差距、能力差距、心理素质差距等方面因素造成的。

2. 职业生涯发展评估与调整的步骤

调整目标不是放弃目标,而是根据实际情况做出合理修改,最终的核心还是指向规划者内心深处最希望得到的满足。职业发展的道路总是充满坎坷和挑战的,因此,有专家认为,评估与调整才是职业生涯规划操作中最精华的部分。

评估与调整的步骤和内容主要有以下几个方面:

(1)确定评估的时间。根据 SMART 原则,明确目标的起止时间,在这个时间段内,规划者要给自己设定一个评估的时间表——为了子目标的达成,自己需要隔多长时间做一次进度评估?阶段性目标的评估应该何时完成?

(2)确认评估的重点。包括最核心指标的完成情况;存在的困难或瓶颈;内外部环境的新变化与新要求;路径选择的合理性与适应性;对本目标的达成及与下一个目标衔接的预期等。

(3)调整目标与行动的内容。包括职业类型的重新选择;职业生涯路线的重新设计;阶段性目标的修正;实施策略与行动计划的变更等。

(4)明确评估与调整的目的。包括对环境因素的变化有进一步的了解;对自己的优势和不足有更清醒的认识;树立信心,找出关键的有待改进之处;重新制订详细的行动计划加以改进;实施计划,确保自己取得显著的进步等。

7.2 简历制作

1. 什么是简历

简历,从字面意思来说,是指把个人过去的经历简要地记录下来,强调"简单"和"经历"两个词。简历是一种个人广告,是自我推销的工具,用来展示一个人的工作技能以及它们对于未来雇主的价值。对于求职者来说,简历的功能可概括为两方面:一是获得面试机会,二是展示自己的特性。好的简历虽然不会直接帮助一个人获得职位,但是会在雇主做出招聘决策时起到积极的影响。

一份好的简历与工作申请表是非常不同的。工作申请表是关于工作的,而简历是关于你以及你在工作中的表现和成就的。因此,它应当包含求职目标,与这一目标相关的技能、经历和成就等。

2. 简历写作格式及注意事项

(1)写简历前的准备。

①回顾你的自我评估和所调查的工作信息,以确保你的简历表达明确且有针对性。

②确定你已收集到的信息,这些信息可能包括:

a. 个人资料:姓名、当地住址、永久住址、电话号码、电子邮箱地址、个人网页(如果适当的话)、个人照片等。

b. 目前的工作目标。

c. 与目标有关的特定技能和品质:涉及你从自我探索部分得来的技能分析,如语言、计算机技能,所获奖励。

d. 教育背景：与目标有关的专业、与目标有关的在班级中做过的最成功的工作例子（如团队或个人项目）、其他重要的事实（如荣誉、奖励、证书、成就等）；与目标相关的工作经验：雇主情况、工作时间、职位、成就及简短生动的例子。

e. 与目标相关的志愿者工作、参与的社会工作、协会成员：组织情况、参加时间、角色、成就及简短生动的例子。

f. 与目标相关的发表的文章、演讲和报告。

g. 活动和兴趣：与目标相关的课余活动、你承担的责任、运动方面的成绩、大体的兴趣范围。

③对你的简历进行必要的修整，以适合你想申请的工作。

(2)简历的书写。

①外观与风格：不管是电子版本的还是打印出来的纸质版本，你的简历都应给人留下良好的第一印象：有条理的材料组织、容易阅读的字体、正确的书写、最新的信息。如果是打印的简历，纸张颜色、质量要好。有些学生希望通过艺术化的简历封面和一些"经典话语"，如"我是千里马，你是伯乐吗？""毛遂自荐"等等给招聘者留下深刻的印象，但如果不是应聘艺术设计类的职位，类似这样的简历看上去会比较夸张和滑稽。所以，撰写简历很重要的一点就是从外观开始符合你的目标职位风格。

②内容：这里有一个标准顺序，你可以按照这个顺序写简历，也可以根据需要调整次序。例如，如果你有相关的工作经验，这部分就可以放在你的教育背景前来写。如果你的工作经验不多，而教育背景与你的目标关系较密切，那么你就可以把教育背景这部分放在工作经验之前来写。

a. 个人信息。

姓名、性别、地址、电话、电子邮箱、个人网页、学历，以及招聘信息中提到的特殊要求（如身高）等。你的姓名应当很明显，一目了然，放在简历上部的中间或左上角。列出的电话应当是易于找到你的电话。

在简历中加入个人照片，也许是个好方法，这有助于给招聘者留下更深入的直观印象。但是，照片毕竟传递的信息有限，所以也不排除因为有照片，反而给招聘者留下负面的刻板印象。所以，你需要考虑加入照片的利与弊之后再做决定。

如果你有个人网页，那么最好确定它是和目标职位相关的、专业的，并且处于有条不紊的状况。

这部分占用的篇幅不要过长，应尽量精简。

b. 目标职位。

这是整个简历中最重要的一项。根据你能为雇主做什么来陈述你的目标，而不是雇主能为你做什么。明确表达你想从事的工作职位名称（例如计算机程序设计师),或领域(例如通信、公共关系、健康教育等)。避免这样的表达,如"……我能在××岗位使用我的知识和技能来发展我的专长……"

目标职位可以清晰地让招聘者看到你对工作的期待,初步感受到你对自己与工作发展是否有明确的想法,这是雇佣双方良好沟通的基础。但是,在现实中,目标职位的表达常常被忽视。有些同学甚至因为没有考虑好自己的目标或者对求职信心不够而故意不写目标职位,希望招聘者能从其简历中发现自己适合的职位,这样做的风险非常大,因为招聘者不是你的工作发展决策顾问。

c. 教育背景。

用逆时的顺序列出自己曾就读的大学、获得的学位、就读时间和专业。如果你的总评成绩(GPA)优异或排名较高,可以特别注明。也可在此部分列出你获得的资格证书等。

(a)主修科目:你可以选择将这个部分作为子标题或受教育部分的着重部分。选择与你的目标相关的三到六门课程;如果课程名称不能充分反映你所希望传达的信息,详细描述以展示这门课的适用性。

(b)论文:你可以选择将这个部分作为子标题或教育部分的着重部分。任何你准备好的相关项目、报告、论文等等,都可以写进去。通过清晰的题目或者一段文字来展示它的重要性,或者它与雇主之间的联系。

这部分不宜占用太多的篇幅。

d. 资历概述/技能概述。

这部分提供的是与你的目标职位有关的资历概述,是简历的主体,占最大的篇幅。这是你想要雇主开始对你感兴趣的、给你带来竞争优势的部分。一般使用4到6个要点来说明与你想要的工作之间关系最密切的能力。应注意:

按逆时的顺序列出与你的职位目标相关的工作或实践经历,每一条目下列出你的实习岗位、实习企业名称及地点、实习时间。

描述自己在工作中所取得的成绩和具体的任务,而不单是描述你的工作职责。也就是说,强调你做了什么,突出你的专业知识技能和可迁移技能,而不是描述这个单位、这份工作或这个活动内容;强调如何做的,突出你的自我管理技能;强调由于你的行为而取得了什么样的(成功的)结果,以及这件事的重要性。

以职位所要求而你又拥有的技能为主题来选择和组织这一部分的内容,强调你的可迁移技能,尤其是那些与你所求职位相关的技能。

用行为动词(通常为可迁移技能)开始每一个句子,如"组织""领导""计划""提出建议"等。用动词表现你所取得的成就,如"提高""改进",使用积极简明的语言,但尽可能提供具体细节,以数字量化自己的成绩。不要用"参与了……"的表达方法,要具体写出你所做的事情。

不要使用长的段落,在同一岗位上所从事的不同职责可以一条条单列出来,前面加上项目符号,力求美观易读。

积极地呈现你的技能、品质和经验。如果你都不相信你自己,怎么让潜在的雇主相信呢？当然,简历必须是一份诚实的评估,不要撒谎或夸大事实。不切实际的陈述最终会在面试中或工作过程中令你难堪。

e. 专业培训。

列出与目标职位相关的专业培训内容、时间、所获证书。

f. 获得的奖励。

列出所获奖励的名称、颁奖单位、地点和时间。可以说明是在多少竞争者中胜出,以突出说明获奖的难度和自己的成就。

g. 专业成员资格(会员资格,证书)。

你所参加的专业协会、在其中担任的职务、负责的事务、所获的奖励等。

h. 发表的与目标职位相关的文章、演讲和报告。

i. 其他(外语、计算机技能、旅行经历、兴趣爱好)。

如果包含与所寻求的职位相关的技能或经历,或者非常特别,请列出来,否则不用写在简历上。

j. 推荐人。

此部分为备选部分,可以不在简历上列出,可单独用一张纸写明。推荐人应当是对你的能力、专业水平等有充分了解和一定权威的人,如任课教师、实习单位的指导者、论文导师等。

须知,不存在完美和通用的简历。根据你应聘公司的招聘特点书写的简历,才是最合适的简历。

7.3 面试技巧

面试是求职过程中招聘者对应聘者的测试和筛选过程,是招聘者继第一次通过求职信和简历与应聘者接触后提出的第二次接触。招聘者通过面试方式考核应聘者的性格、能力等个性特质是否符合工作岗位的要求和条件并做出评估,从而决定是否录用。面试对应聘者而言是整个应聘过程中最具有决定性的环节。

1. 面试的种类

面试可以从不同角度进行分类,常见的有:

(1)按照应聘者的构成分类。

①个人面试。指面试官个别地与应聘者单独面谈。这是传统面试的代表,也是最普遍最基本的一种面试方式。个人面试的优点是能提供一个面对面的机会,让面试双方较深入地交流。个人面试又有两种类型:一是只有一个面试官负

责整个面试过程。这种面试大多用于较小规模的组织或招聘较低职位员工时采用,有时也用于人员初选。二是由多位面试官参加整个面试过程,但每次均只与一位应聘者交谈,即分别对每个应聘者进行面试。采取这种方式时,面试官团队需要进行角色分配,各自从不同的角色定位相互配合。公务员面试大多属于这种形式。

②集体面试。也叫小组面试,是指多位应聘者同时面对面试官的情况,面试官可以是一人或多人。双方通过提问和对话,进行对应聘者自身能力及交流应变各个方面的考察,当场比较优劣。就招聘单位而言,这样可以在专业、能力等方面都有较大的选择余地。在集体面试中通常要求应聘者做小组讨论,相互协作解决某一问题,或者让应聘者轮流担任领导主持会议、发表演说、抢答问题等。这种面试方法主要用于考察应聘者的人际沟通能力、洞察与把握环境的能力、领导能力等。无领导者的小组讨论是最常见的一种集体面试法。在不指定召集人、面试官也不直接参与的情况下,由充当提问者的面试官提出一个能引起争论的问题,每个应聘者可以进行自由讨论。面试官通过观察、倾听应聘者为其进行评分,借此考察被试者的沟通能力、协调能力、语言表达能力和领导能力。与单个面试相比较,讨论的问题来自于拟任工作岗位的专业需要,或是现实生活中的热点问题,具有很强的岗位特殊性、情景逼真性和典型性。讨论中,面试官们坐在离应聘者一定距离的地方,不参加提问或讨论。

(2)按照面试的内容分类。

①模式化面试。也称为结构化面试,是指面试题目、面试实施程序、面试评价、面试官构成等方面都有统一明确的规范进行的面试。在面试中,由面试官根据预先准备好的问题,逐一发问。其目的是获得有关应聘者全面和真实的材料,观察应聘者的仪表、谈吐和行为,以及沟通能力等。如公务员面试和一些银行、国企统一组织的面试。

②问题式面试。由主考官对应聘者提出一个问题或一项计划,请应聘者予以完成解决。其目的是观察应聘者在特殊情况中的表现,以判断其分析问题和解决问题的能力。

③非引导式面试。又称为无目的式面试,即招聘者与求职者海阔天空、漫无边际地进行交谈,气氛轻松活跃,无拘无束,招聘者与求职者自由发表言论,各抒己见。此方式的目的为:于闲聊中观察应聘者谈吐、举止、知识、能力、气质和风度,对其做全方位的综合素质考察。

④压力面试。压力面试是将应聘者置于一种人为的紧张气氛中,让应聘者接受诸如挑衅性的、非议性的、刁难性的刺激,以考察其应变能力、压力承受能力、情绪稳定性等。典型的压力面试是以面试官穷究不舍的方式连续就某事向应聘者发问。

⑤综合式面试。由面试官通过多种方式考察求职者的综合能力和素质,如用外语同应聘者会话以考察其外语水平,让应聘者抄写一段文字以考察其书法,让应聘者讲一段课文以考察其表达能力,甚至让应聘者操作一下计算机考察其电脑基本技能等。

2. 面试前的准备工作

面试前的准备工作,可以分为对内、对外两个方面:对内,就是做好材料准备和心理准备;对外,就是获取信息和了解职位。

(1)材料准备。

通常包括应聘者的个人简历、职业资格、职称等相关证件,荣誉证书等代表相关工作业绩的实物样本,是向面试单位展示、推销自己的最直观实物资料。

(2)心理准备。

①建立自信的态度。面试前要习惯于多给自己积极的评价,学会去积极地自我暗示。这样的积极暗示,非常有助于在面试时树立自信、放松心情、活跃思维,以至在面试中积极地表现自我,面试的结果也常会与自己的积极暗示方向一致,如愿以偿。

②寻求社会的支持。主要是从你的社会关系、社会资源那里得到精神支持,比如通过沟通交流,从家庭、恋人、老师、朋友那里得到有益的慰藉、鼓励和激励。

③准备面试的问题。面试时,面试官提出的问题多数都具有逻辑顺序和特定模式。所以,你应该就一些常见问题做出充分、细致、深入的准备。

(3)岗位准备。

在面试前,要努力学习和了解要应聘的企业和职位的情况,包括该职位的职责范围、能力要求等信息,最好能够获得一本描述该职位的工作手册。还要了解企业的各方面情况,包括行业的前途、企业在同行业的地位、企业业绩的推移、地理位置、企业规模、企业资产情况、企业的变革、企业的特色、工作强度、经营方针、管理理念、企业的体制、物质待遇等。

3. 常见面试问题解析

(1)向我介绍一下你自己。

不要认为面试官已经看了你的简历,这个问题是多余的。这是一个推销自己的绝好机会!注意回答要简练(要做到这一点需要事先准备)而又不失全面,列举出你所具备的、对雇主具有意义的三到五点品质/特点/长处/成就。建议你的回答要包括以下内容:你的职业生涯目标;与求职目标有关的技能;与求职目标有关的成就和资历;你所受教育的情况。你不一定要按照这样的顺序来介绍你自己,但要努力把各个方面都介绍清楚。回答以两分钟左右为宜,切忌啰唆冗长。

(2)请谈谈你打算在五年后做什么(或:请谈谈你的职业目标)。

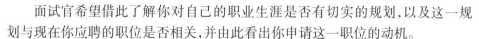

面试官希望借此了解你对自己的职业生涯是否有切实的规划,以及这一规划与现在你应聘的职位是否相关,并由此看出你申请这一职位的动机。

(3)你为什么会对我们公司/单位/这个职位感兴趣。

面试官希望了解的是你申请职位的动机。他们希望你的决定是经过深思熟虑的,是建立在对公司/职位和对自身兴趣及能力充分了解的基础上的,并非一时冲动或盲目做出的。

(4)你为什么认为自己能胜任这份工作(或:你能为我们的公司或单位做出什么样的贡献)。

这个问题也可能这样表述:你为何选择本公司?关于我们你了解什么?此时,你必须表现出对目标职位或公司业务以及自身长处的了解。强调自身所具备的正是公司所看重的品质(在专业和人际能力方面)。强调你所能做出的贡献而不是你能从这份工作得到的利益(因此不要只说"我希望从这份工作中学到……技能")。

(5)你有过与一个特别难打交道的人一起完成某项任务的经历吗?请描述一下(或:请举例说明你在……方面的能力)。

这个问题和其他类似的问题(如"当你跟合作伙伴意见不一致时是怎么处理的""你在压力特别大的时候是如何处理好生活与学习的""你怎样处理与你的道德标准或商业规范相违背的请求"等等),都是希望你能通过具体的例子来证明自己在某一方面的能力。而这一能力正是雇主所看重的,常见的如:沟通能力、领导能力、主创精神、团队合作/人际交往能力、问题解决能力、灵活性等(根据问题的具体内容而定)。重要的是要有具体实际的、令人信服的例子,而不是仅仅宣称自己具有某项品质(如"我很擅长与人交往"之类)。可以预先准备好一些这样的例子备用。在讲述时,不要过于啰唆,尤其是在事件情景部分,但也要有必要的细节按照"事件发生的情景—我的对策—取得的良好效果"的方式讲述,突出自己应对的能力以及良好的效果。

(6)你最大的优点是什么。

不要只是谈论你的优点/能力,还要把它们与应聘的职位和公司(组织)的需要联系起来。除了宣称你具有某项能力/长处以外,还要尽可能提供简略的例证,要向对方证明你是一个出色的人选。

(7)你有什么缺点。

对这个问题可以有几种回答,如:避重就轻,说一些对工作不会造成太大影响的缺点;也可以用似坏实好的方式,说自己是完美主义者,做事过于认真细致,有时花去太多时间等。最好是用"我不擅长……但已经意识到这一点,并采取了……的措施/方法来改变它"的方式来回答。不要说自己什么缺点也没有,那样显得你不诚实也不真实。此外,切忌说自己不擅长职位所要求的某一重要能力。

(8) 如果我让你的朋友描述你,你认为他们会怎么说。

这类问题帮助面试官从侧面了解你是什么样的人,所以面试之前对自己有深入的了解很重要,回答问题时突出自己和目标职位相关的特点。

(9) 为何到现在还没有找到工作。

对于那些的确花费了很多时间还没有找到工作的同学来说,这个问题很有挑战性,也许它会一下子勾起你沮丧的情绪,立刻对自己没有了信心。如果你有这种负面感受,说明你可能真的认为这么长时间没有找到工作是因为自己不够好。带着这样的想法,很难找到一份令人满意的工作。所以,不妨换个角度想想,你毕竟认认真真地为自己的未来付出了很多努力,比起那些比较顺利就找到工作的同学而言,你更能够承受挫折。虽然暂时失败了很多次,但从未放弃过,这也是你难能可贵的地方。从这个角度来看,你还得感谢自己。所以,对于这个问题,也许每个人都会给出不同的答案,但重要的是从积极的角度去回答。

(10) 看上去你好像在某些领域(例如销售、筹款、簿记)没有什么经验。

记住你拥有的可迁移技能,它们是你应对这类问题的最好答案。

(11) 如果让你将梳子推销给旅游区寺庙中的和尚,你将如何去做。

这是一类以现实或假设情景为基础的问题。回答的基本原则是让面试官知道你是怎样思考和怎样解决问题的。关键不是得到"正确"的答案,而是演示提出答案的正确方式。下面的五个步骤可以帮助你处理类似问题:

①专心倾听提出的问题。

②提出一些要澄清的问题以正确判断面试官想知道什么。

③首先解释你怎样收集必要的信息来做出明智的选择。

④论述你如何分析信息以做出决策。

⑤最后,基于你获得的信息、可利用的选择和你对开放立场的理解,解释你将会做出怎样适当的决定或建议。

这类问题没有"正确"的答案——只有"你的"答案。面试官通常利用这些类型的问题来决定你是否合适。

最后,你可以通过分析向你提出的问题,发现更多关于你所申请的工作的细节。面试官把重点放在什么技能、知识、个人特性和态度上,洞察这些更有助于你设计符合雇主对这个职位要求的答案。

7.4 求职礼仪

文明礼仪是赢得面试官好感和喜悦的最直接因素。礼貌的问候、有力的握手和自信是至关重要的。求职礼仪的总体要求是:衣着得体、彬彬有礼、举止高雅、落落大方、形象潇洒。

（1）仪容要整洁。在初次见面时，对方最先注意的是你想不到的"头部和脚部"，尽管穿着漂亮的衣服，但头发乱蓬蓬的，鞋子也很脏，看起来也会给人邋遢的印象。所以，头发要经常清洗保持清洁，发型发色应简洁自然。面容要保持面部清洁，口气清新。手部要清洁，不留长指甲，不在任何公共场合修剪指甲。表情要善用真诚自然的微笑及友好尊重的眼神，注意视线的角度使用。要保持体味清爽，可适当使用香水，要注意，香水使用不能过量，在一米左右所散发的香味是最能使人接受的。

（2）服饰要得体。通常面试者的服装应较正式，以与应聘者希望应聘的职位相匹配为宜，最好要与企业的文化紧密相关。对于服饰要提前计划，不要在应聘的那一天才决定要穿什么衣服，要提前做决定以确保每件衣服都干净、整洁并保养得很好。服饰的色彩、款式要和自己的年龄、气质、体态，以及所应聘的职业岗位协调一致，总的格调还是朴实、庄重为好。

女性以职业套装为主，如着无袖上装时，腋毛应不宜为人所觉察。

男性以西装为主，在西装的选择上应遵循"三色原则"和"三一定律"。三色原则：穿西装的时候，全身的颜色不能多于三种，颜色偏深的整套西装适于多种场合，最为实用。"三一定律"：男士的鞋、腰带、包应该是一个颜色，并且首选黑色。一般而言，深色西装可配深色腰带，浅色西装则可深可浅的皮带都配得上。而黑色皮鞋则是万能鞋，它能配任何一种深颜色的西装。

（3）动作要自然。轻轻敲门进入面试房间，慢慢关闭房门，进门时主动问好。在面试场合，不要主动和面试官握手。如果面试官伸出手，应聘者应该两足立正，伸出右手，彼此之间保持一步左右的距离（75 厘米左右或 1 米左右）。上身要略微前倾，头要微低，双方握着对方的手掌，而不是握指尖，上下晃动两到三下（握手的时间以 3 秒左右为宜），并且适当用力，双目注视对方，面带笑容。

（4）微笑要适度。在面试场合，微笑的表情有亲和力，表现出谦恭、友好、真诚的心态，但微笑要适时，切忌过度表达。在微笑时，要注意三个结合：一是与自己脸部表情的结合。二是与语言的结合。除了展示真诚的微笑，还需要与语言相结合。例如，与面试官见面时微笑地说："早上好""你好"等。三是与身体的结合。微笑要配合身体的姿势与节奏，特别是要跟身体语言默契和协调一致。

（5）听、说要认真。面试过程其实也是招聘者与应聘者的交流过程，交流是否顺畅，倾听起着关键作用，好的交流者一定是一个好的倾听者。在面试过程中，主动的交谈并传递面试官需要的信息，展示出你的能力和风采。在与面试官交谈时，目光要正视对方，要注意对方是否听懂了你的意思、是否对你的话感兴趣，要做到发音清晰、语调得体、声音自然、音量适中、语速适宜，另外，坚持以事实说话，少用虚词、感叹词。

（6）注意身体语言。面试时，应聘者应当与面试官保持目光接触，以表示对面试官的尊重。目光接触的技巧是：双目对视不要匆忙移开，可保持两三秒再移到考官的鼻梁，或者额头、鼻尖等处，每次15秒左右，然后自然地转向其他地方。如果有几个面试官在场，要适当运用目光"环视法"，注视一下其他人，以示尊重。切忌躲避闪烁。

①走姿：身体要挺直，走路要从容。走路的步伐不要过大，眼睛要往前看。行走要轻盈、稳重、从容，不要弯腰驼背，避免内外八字，穿正装走路不要过大过快。

②站姿：站立应当身体挺直、舒展、收腹，眼睛平视前方，手臂自然下垂。这样的站姿给人一种端正、庄重、稳定、朝气蓬勃的感觉。女士双手叠放在小腹前，双脚成丁字步站立。男士双腿稍微分开，双脚相隔约十厘米，双手在两边自然下垂。

③坐姿：进入主考官的办公室，一定要先敲门再进入，向面试官问好行点头礼或鞠躬礼，在对方示意坐下时，说声"谢谢"再坐下。如果有指定的座位，坐在指定的座位上即可。如果没有指定的座位，可以选择主考官对面的位子坐下，这样方便与面试官面对面地交谈。千万别反客为主，面谈还没有开始就先丢一分。坐椅子时最好坐满三分之二，上身挺直，这样显得精神抖擞，保持轻松自如的姿势，身体可略微前倾。不要弓着腰，也不要把腰挺得很直，这样反倒会给人留下死板的印象，应该很自然地将腰伸直，并拢双膝，把手自然地放在上面，不可瘫坐在椅子上，不要只坐椅子的一点空间，不要跷二郎腿。

（7）要遵守时间。守时是职业道德的一个基本要求。在面试这个阶段，无论任何情况，都不要迟到，提前10～15分钟到达面试地点效果最佳，以表示求职者的诚意，给对方以信任感，同时也可调整自己的心态，做一些简单的仪表准备，以免仓促上阵，手忙脚乱。为了做到这一点，一定要牢记面试的时间地点，最好能提前去一趟，以免因一时找不到地方或途中延误而迟到。如果迟到了，肯定会给面试官留下不好的印象，甚至会丧失面试的机会。一定要考虑到路况，不要因为这些不可操纵的因素而影响到自己。遵守面试时间规定，既能够显示出应聘者做事情的感觉和意识，也能够表明应聘者对本次应聘活动是不是有足够的重视。

8 大四下

未来无限可能

8 大四下 未来无限可能

认知篇

真正的幸福来源于设计有意义的人生。

——斯坦福大学人生设计课

生涯规划方案评估与调整

最后一个学年开始了,请检查一下,两大系统是否有哪些要素发生了显著变化并影响了你的生涯方向?你的生涯目标是否需要做调整,由此你需要做出哪些行动来达到你的生涯目标?

调整时间: 年 月 日	
自我取向系统(修正)	外部环境系统(修正)
个人兴趣、性格、能力、职业价值观等	宏观环境、行业环境、典型组织、期望岗位等
自我取向系统的整合结果再确认	外部环境系统的整合结果再确认
原职业生涯方向	调整后的职业生涯方向
我的大学生涯目标调整	
行动方案调整	

8 大四下 未来无限可能

 大学生活回顾

难忘的大学生活就要结束了,看看四年前写给自己的信,让我们一起来回顾大学生活,感悟青春,感悟成长。

最自豪的事情:

最后悔的事情:

大学成长感悟:

大学生活留言

写给母校：

写给老师：

写给同学：

写给自己：

角色转变:大学与职场的不同

做好从大学生到职业人的角色转变准备。

大学环境和工作环境的差异:

大学环境	工作环境

老师和老板对我们期望的差异:

大学老师	老板与上级

大学学习过程和工作学习过程的差异:

大学学习过程	工作学习过程

幸福的方式不止一种

参考生涯阅读 8.3,完成以下练习。

假设生涯的每一个维度,你认为自己能达到的极致程度是 12 分,而你现在总共有 32 分(平均每一个维度 8 分),你会如何把这 32 分分配给你的生涯四度?

注意:

总分可以少于或等于 32 分,但不能超过 32 分。

分数越高,意味着你在这方面越完美,同时越有竞争力。

可以有相同的分数,可以有 0.5 分。

一个维度最高可以分到 12 分。

把 32 分填入下表:

高度	深度	宽度	温度

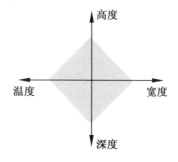

当我们的生命按照四个维度展开,我们就会慢慢靠近一些人生的真相,一些幻觉也会慢慢被打破。第一个重要幻觉,就是大部分人希望的:同时过上成功的、幸福的、智慧的、自由的生活。

正如我们刚才做的生涯 32 度游戏,如果你要些什么,就必须放弃些什么,如果要得特别多,就需要放弃特别多。生涯四度的能量守恒,让我们有机会看清楚与人攀比是件多么愚蠢的事情——回归家庭者羡慕成功者的职位,成功者羡慕家庭生活;上班族羡慕自由职业者的自由自在,自由职业者却也羡慕安全稳定,因为人人都想要有个 40 度的生涯,但人的时间和精力是有限的,其实我们也许只有 32 度。

幸福的方式不止一种,你可以永远在某个维度遥遥领先,也可以某段时间在所有维度十全十美,但是你永远无法在所有时间里十全十美。

与其羡慕,不如自己做个选择,自己去定义自己的完美生涯。

人生有什么可能

想象30年后梦想成真时自己的形象,制作自己30年之后的名片。
名片的大小、形状、内容、颜色、种类等无特殊要求,请尽量发挥个人的创意。
名片可以多制作几种版本。

再绘生涯彩虹图

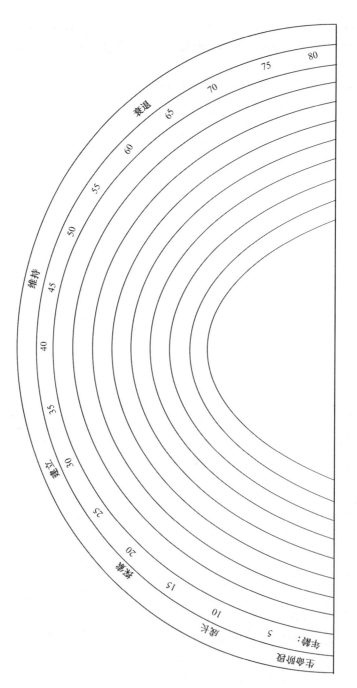

8 大四下　未来无限可能

 职业定位与发展

长期目标(5~10年)是：
中期目标(3~5年)是：
短期目标(1~3年)是：
接下来的行动是：

行动篇

学校的目标应当是培养有独立行动和独立思考的个人,不过他们要把为社会服务看作是自己人生的最高目标。

——爱因斯坦

第8学期梦想清单

它们可以很抽象,也可以很具体;可以很伟大,也可以很平凡;可以很严肃,也可以很活泼。请梳理你的想法,列一张自己的学期梦想清单。

第8学期学业规划

个人学业规划是对教学计划内课程和课外课程的学习目标进行规划。

类别	课程名称	预期目标	行动计划
公共课			
专业课			
选修课			
技能操作			
课外学习			
毕业设计			

8 大四下   未来无限可能

 第8学期课程表

时间	星期一	星期二	星期三	星期四	星期五	星期六	星期日

第8学期成长规划

大学生在大学期间要养成健康的生活习惯,培养健康的兴趣爱好,建立良好的人际关系,树立正确的爱情观,要在专业学习上积累知识,同时为下一阶段步入职场做准备,积极参加各种学生活动与社会实践,锻炼自己各方面的能力。

学期成长规划主要从学习进修、职业发展、人际交往、个人情感、身心健康、休闲娱乐、财务管理、家庭生活、服务社会等全面发展的角度进行规划。

学习进修	职业发展	人际交往
个人情感	身心健康	休闲娱乐
财务管理	家庭生活	服务社会

第1月月计划

理想的实现是一个循序渐进的过程,它必须一步一个脚印,脚踏实地地去行动。因此,我们要学会把中长期目标分解细化成若干个小的短期目标,实施具体的行动计划和步骤,一步步靠近理想。请根据学期成长规划和学业规划在每个月第一天制订月目标和月计划。

目标	预期成效	完成时间	行动策略

第1月月记录

月　日~　月　日

星期一	星期二	星期三	星期四	星期五	星期六	星期日

本月重要事项

本月习惯养成训练

第1周满意度☆☆☆☆☆

第2周满意度☆☆☆☆☆

第3周满意度☆☆☆☆☆

第4周满意度☆☆☆☆☆

第5周满意度☆☆☆☆☆

8　大四下　　未来无限可能

 第 1 月月复盘

生涯发展是一个动态的过程,一些不确定的因素会使原来制订的计划与现实情况有所偏差,阶段性总结、反思、评估、修正,有助于我们及时调整生涯规划。

本月满意度评估(1～10 分):＿＿＿＿＿＿＿＿＿＿＿＿＿＿＿＿＿

满意完成事项:＿＿＿＿＿＿＿＿＿＿＿＿＿＿＿＿＿＿＿＿＿＿＿＿

＿＿＿＿＿＿＿＿＿＿＿＿＿＿＿＿＿＿＿＿＿＿＿＿＿＿＿＿＿＿＿＿＿

复盘没有完成的事

寻找障碍背后的深层理由

找到下个月的提升点

第2月月计划

　　理想的实现是一个循序渐进的过程,它必须一步一个脚印,脚踏实地地去行动。因此,我们要学会把中长期目标分解细化成若干个小的短期目标,实施具体的行动计划和步骤,一步步靠近理想。请根据学期成长规划和学业规划在每个月第一天制订月目标和月计划。

目标	预期成效	完成时间	行动策略

8 大四下　　未来无限可能

第 2 月月记录

　　　　　　　　　　　　　　　　　　月　日~　月　日

星期一	星期二	星期三	星期四	星期五	星期六	星期日

本月重要事项

_____

_____

本月习惯养成训练

_____

_____

第 1 周满意度 ☆☆☆☆☆
第 2 周满意度 ☆☆☆☆☆
第 3 周满意度 ☆☆☆☆☆
第 4 周满意度 ☆☆☆☆☆
第 5 周满意度 ☆☆☆☆☆

第 2 月月复盘

生涯发展是一个动态的过程,一些不确定的因素会使原来制订的计划与现实情况有所偏差,阶段性总结、反思、评估、修正,有助于我们及时调整生涯规划。

本月满意度评估(1~10 分):_____

满意完成事项:_____

_____

复盘没有完成的事

寻找障碍背后的深层理由

找到下个月的提升点

第3月月计划

理想的实现是一个循序渐进的过程,它必须一步一个脚印,脚踏实地地去行动。因此,我们要学会把中长期目标分解细化成若干个小的短期目标,实施具体的行动计划和步骤,一步步靠近理想。请根据学期成长规划和学业规划在每个月第一天制订月目标和月计划。

目标	预期成效	完成时间	行动策略

第 3 月月记录

月　日 ~ 月　日

星期一	星期二	星期三	星期四	星期五	星期六	星期日

本月重要事项

本月习惯养成训练

第 1 周满意度 ☆☆☆☆☆
第 2 周满意度 ☆☆☆☆☆
第 3 周满意度 ☆☆☆☆☆
第 4 周满意度 ☆☆☆☆☆
第 5 周满意度 ☆☆☆☆☆

8　大四下　未来无限可能

 ## 第 3 月月复盘

生涯发展是一个动态的过程，一些不确定的因素会使原来制订的计划与现实情况有所偏差，阶段性总结、反思、评估、修正，有助于我们及时调整生涯规划。

本月满意度评估（1～10 分）：_____

满意完成事项：_____

复盘没有完成的事

寻找障碍背后的深层理由

找到下个月的提升点

第4月月计划

理想的实现是一个循序渐进的过程,它必须一步一个脚印,脚踏实地地去行动。因此,我们要学会把中长期目标分解细化成若干个小的短期目标,实施具体的行动计划和步骤,一步步靠近理想。请根据学期成长规划和学业规划在每个月第一天制订月目标和月计划。

目标	预期成效	完成时间	行动策略

8 大四下 未来无限可能

第 4 月月记录

月　日~　月　日

星期一	星期二	星期三	星期四	星期五	星期六	星期日

本月重要事项

_____

本月习惯养成训练

_____

第 1 周满意度 ☆☆☆☆☆
第 2 周满意度 ☆☆☆☆☆
第 3 周满意度 ☆☆☆☆☆
第 4 周满意度 ☆☆☆☆☆
第 5 周满意度 ☆☆☆☆☆

第4月月复盘

生涯发展是一个动态的过程,一些不确定的因素会使原来制订的计划与现实情况有所偏差,阶段性总结、反思、评估、修正,有助于我们及时调整生涯规划。

本月满意度评估(1~10分):＿＿＿＿＿＿＿＿＿＿＿＿＿＿＿＿＿

满意完成事项:＿＿＿＿＿＿＿＿＿＿＿＿＿＿＿＿＿＿＿＿＿＿＿

＿＿＿＿＿＿＿＿＿＿＿＿＿＿＿＿＿＿＿＿＿＿＿＿＿＿＿＿＿＿＿＿

复盘没有完成的事

寻找障碍背后的深层理由

找到下个月的提升点

第8学期末评估与总结

还记得学期初制订的个人学业规划和成长规划吗?
现在请回顾经过这一个学期你的目标完成情况。

学期总结表

目标	完成情况	主观原因/客观原因	调整与改进	反思总结

对于第 8 学期,你的总体满意度是多少分? (1~10 分)

第 8 学期什么事让你感到特别有成就感? 把这些事写下来并给自己一个奖励吧。

☺ _____

☺ _____

☺ _____

第 8 学期你最大的收获是什么?

本学期你支持了谁? 帮助了谁?

本学期你最想感激的人是谁? 为什么?

本学期有哪些遗憾? 你准备如何改进和提高?

假期记录与总结

假期是一段很有意义的时光,会有更多的时间去充实和丰富自己。
看看你的梦想地图,哪些梦想你希望在假期里实现。
把这些目标填进表格里,并列出具体的行动策略。
一件件去完成吧!

目标	行动策略	完成时间	反思总结

假期结束了,这个假期你过得怎么样？总体满意度是多少分？（1~10分）

对于这个假期,你做的最有价值的事情是什么？

对于这个假期,你最大的收获是什么？

对于这个假期,有哪些遗憾？你准备如何改进和提高？

新学期就要开始了,你有什么新的目标呢？

8 大四下　未来无限可能

生涯阅读

8.1 职场适应

职业适应包括从生理层面,到心理层面,到工作层面,再到社会层面的适应等几个方面。

1. 生理适应

生理适应包括对工作时间、劳动强度以及紧张程度、情绪调控等方面的适应。步入职场,从学生角色转换成职业角色,原来的许多生活习惯都要适时改变。在学校读书的时候,喜欢睡懒觉,经常上课迟到或者频繁请假,也许会得到老师的谅解,但是,在职场中,迟到、早退等无视工作纪律的问题,可能会带来非常严重的后果。所以,首先要调整生活规律,早睡早起,坚持锻炼身体,关注职业形象,遵守职业纪律和职业道德,在短时间内适应职场生活。

2. 心理适应

(1)公正的自我评价。进入工作单位,熟悉工作环境之后,首先要对自己所从事的工作从整体上进行分析。先分析自己对工作的适应条件,后对自己的能力进行正确评估,对未来进行职业目标规划。

这个阶段心理调适的重点在于:保持心态平和,切忌攀比和轻易跳槽。很多职场新手目光短浅、眼高手低,稍不满意就轻言放弃,受损失的不仅是用人单位,更是本人。因此在职场中要兢兢业业、踏踏实实地工作,善于抓住机遇,全面展示自己的才华。

(2)正确调整心态。大学生在校期间学到的知识和技能是很有限的,初入职场心理压力往往比较大,害怕在工作中出现过失和错误。所以,消除初入职场时的心理压力是重中之重。

这一阶段心理调适的重点,首先要使自己适应工作节奏,为承担重要工作做好准备;其次是虚心学习,不断丰富自己的专业知识,提高专业技能,运用自身掌握的知识去解决问题,培养自己的独立见解,展示自己的潜能,使自己逐步具备独立开展工作的能力;最后,要尽快融入集体,建立良好的人际关系,更好地承担角色责任。总之要努力为单位创造效益,做出贡献。

3. 知识技能适应和岗位适应

这是指对工作岗位所需的知识、技术和能力的适应,以及对劳动制度和岗位规范的适应等。初入职场的大学生虽然有大学文凭,但可能实际操作什么都不会,因为学校教育比较注重理论知识的学习,然而职场中更注重实践能力和经验。因此,大学生要进行再学习。再学习可以让你尽快掌握工作的知识和技能,正所谓"干到老,学到老"。竞争在加剧,学习不但是一种心态,更应该是一种生活方式。人在职场,所有人都是老师。谁疏于学习,谁就难以提高,谁就不会创新,谁就会被社会淘汰。谁能够终生学习,谁就能使自己适应职业岗位不断变化的要求。学习不但增强了自己的竞争力,也增强了单位的整体竞争力。

4. 环境适应

(1) 踏踏实实做好每一项工作。职场新手对单位的整个工作环境及工作流程都比较陌生,可能连最基本的复印、传真都需要他人指导。在这种情况下,上级对待新人的通常做法是交派一些诸如打字、翻译、资料检索等最基本,也是最简单的工作,这是每一个新人进入职场后通常接受的第一门功课。然而,许多职场新手对此心存抱怨,"领导根本不把重要的工作交给我,我简直就是个打杂的"。其实,看似简单的工作是让职场新手了解工作的整体操作流程,同时也可以考验一名员工的品质,磨砺其工作态度。初入职场的大学生犹如一张白纸,在上面书写任何东西都是经验的积累,所以大家不要嫌工作琐碎,要有耐心,要学会在工作中积累。

(2) 积极适应环境。毕业生在进入职场之前总会有很多的幻想,比如理想的行业、理想的职位、理想的收入等,直到真正进入职场之后才发现"理想很丰满,现实很骨感"。事实上,理想的工作环境是不存在的,现实的工作环境总有各种不如意。因此,职场新手要学会自我调节,认清自己的优、缺点,明确自己的优势和不足,客观地看待职场生活,以愉快的心情适应工作环境,立足现实,求得自身发展。

(3) 等待机会,厚积薄发。机会永远只垂青有准备的人。对于职场新手而言,在这个信息爆炸的社会里,缺乏的不是机会,而是蓄势远见与忍受平淡的耐力。职场竞赛,比的是耐力和信念,这是一场长跑,短暂的热情和速度都难以获得最终的胜利。因此,毕业生在进入职场后,仍需要不断提高自己,提升信念,等待时机来临,脱颖而出。

5. 人际关系适应

职场的人际关系相比单纯的校园人际关系要复杂得多。职场新手应该把姿态放低一点,谦恭有礼,赢得好感,才有利于打开工作局面。要努力工作,适当表现自己,最大限度地争取上级和同事的认可。

(1) 与上司的关系。先尊重后磨合。任何一个上司,干到这个职位上,至少有某些过人之处。他们丰富的工作经验和待人处事的方法,都是值得我们学习借鉴的,我们应该尊重他们精彩的过去和骄人的业绩。但每一个上司都不是完美的,所以在工作中,唯上司之命是听并无必要,但也应记住,给上司提意见只是本职工作中的一小部分,尽量完善、改进、迈向新的台阶才是最终目的。要让上司心悦诚服地接纳你的观点,应在尊重的氛围里,有礼有节有分寸地磨合。不过,在提出意见前,一定要拿出详细的足以说服对方的理由。

主动请示汇报工作。上级最苦恼的事情之一就是不知道下级在干什么、干得如何。称职的下级必须主动、及时地向上级汇报自己的工作。要知道,汇报是下级的义务,听不听是上级的选择。一定不要担心上级没时间听而不主动汇报。汇报时,要着重两个方面:一是做了什么,有什么结果或者成果,不必讲细节;二是还要打算做什么,怎么做,为什么这么做,也不要讲细节。既不要在汇报中夹带请示事项,也不要把汇报当成请功,领导心里自有一本账,而且不仅要报喜,更要报忧。

对于超越自己管理权限的事项,下级必须请示,不能先斩后奏、越权办理。请示时,必须给出至少两个可供上级选择的建议,而且必须有自己明确的主张,绝不能只把问题抛给上级,自己没有任何主见,要让上级做选择题,而不是做问答题。对于属于自己管理权限之内的事项,特别是日常的、例行的工作,只要依照权限主动去做就行了,只需及时向上级汇报结果即可。如此,上级会认为下级是一个有主见、有魄力、有领导力的人。如果出于对上级的"敬畏"而事事请示,上级就会对下级的工作主见、工作魄力甚至领导力产生怀疑。

(2) 与同事的关系。多理解慎支持。在办公室里,与同事相处得久了,彼此之间都有了一定的了解。作为同事,我们没有理由苛求人家为自己尽忠效力。在发生误解和争执的时候,一定要换个角度、站在对方的立场上为人家想想,理解一下人家的处境,千万别情绪化,把人家的隐私抖搂出来。任何背后议论和指桑骂槐都会破坏自己的形象,并受到旁人的抵触。同时,对工作我们要拥有诚挚的热情,对同事则必须选择慎重地支持。支持意味着接纳人家的观点和思想,而一味地支持只能导致盲从,也会有拉帮结派的嫌疑。

(3) 与朋友的关系。善交际勤联络。俗话说"树挪死,人挪活",在现代竞争激烈的社会,铁饭碗不复存在,一个人很少在一个单位终其一生,所以多交一些朋友很有必要,所谓朋友多了路好走。因此,空闲的时候给朋友打个电话、发个电子邮件,哪怕只是片言只语,朋友也会心存感激。

(4) 与下属的关系。多帮助细聆听。在工作上,只有职位上的差异,人格上都是平等的。在员工及下属面前,我们只是一个领头带班的而已,没什么值得荣耀和得意之处。帮助下属,其实是帮助自己。因为员工们的积极性发挥得越好,工作就会完成得越出色,也能让你自己获得更多的尊重,树立开明的形象。聆听下属能体会到他们的心境和了解工作中的情况,为准确反馈信息、调整管理方式提供准确的依据。

(5) 与竞争对手的关系。在我们的工作中,处处都有竞争对手。许多人对竞争者四处设防,更有甚者,还会在背后冷不防地"插上一刀、踩上一脚"。这种做法只会增加彼此间的隔阂,制造紧张气氛,对工作无疑是百害无益。其实,在一个整体里,每个人的工作都很重要,任何人都有闪光之处。当你超越对手时,没必要蔑视人家,别人也在寻求上进;当对手超越你时,你也不必存心添乱找碴,因为工作成绩是大家团结一致努力的结果。无论对手如何使你难堪,千万别跟他较劲,先静下心干好手中的工作吧!

8.2 人生的四种方向:高度、深度、宽度和温度

著名生涯规划师古典提出,生涯具有四个发展维度,分别是高度、深度、宽度和温度。

1. 生涯的第一个发展维度:高度。终极价值:影响力与权力

人往高处走,水往低处流。向上发展,与更强者接触,进入与创造更大的平台,掌握更高、更大、更强的资源,最大限度地影响世界。这似乎成为一个不言而喻的人生追求方向。今天你走入书店,至少有半墙书是关于如何找到这个方向的——主人公童年如何不幸,如何逆境成长,如何抓住机遇,如何巧遇贵人,如何一败涂地而后又东山再起。

高度是一个清晰的人生隐喻——一个人走得越高,就有越多人能看到他,他也就能获得越多的资源,看到越多可能——高度意味着一个人在社会中能达到与掌握的地位、权力与影响力。生涯高度的追寻者,他们热爱竞争,有感召力与影响力,渴望资源与平台,希望有朝一日用自己的方式改变世界。

你猜得没错,大部分的领袖、政治家、企业家、帝王都是生涯高度的追寻者。

我的生涯高度:

问问自己:我能否热衷于成为一个对于世界、群体、组织或家庭有重要与深远影响的人?我能开创或管理多么伟大的组织或公司?我能多大程度地用自己的方式改变世界?

生涯高度是一个外显的维度,我们可以通过社会地位、财富收入、名声与权力大小判断一个人的生涯高度。

2. 生涯的第二个发展维度:深度。终极价值:卓越与智慧

生涯深度指的是人们在思想、智慧、艺术与体能上达到的卓越与精进程度。生涯深度的追寻者们渴求真理、寻求极致、反复打磨,让自己炉火纯青,他们希望站在人类知识的顶峰,思考的极限边缘。

今天你依然可以在很多领域找到这些追寻生涯深度的人。诗人贾岛"鸟宿池边树,僧敲月下门"反反复复地炼字;印度恒河边在冬天赤身苦修的瑜伽行者;小提琴家每天近10小时的练习;古龙笔下每天拔剑一千次的剑客;奥运健儿四

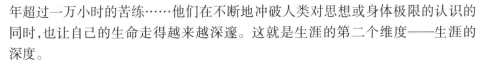

年超过一万小时的苦练……他们在不断地冲破人类对思想或身体极限的认识的同时,也让自己的生命走得越来越深邃。这就是生涯的第二个维度——生涯的深度。

我的生涯深度:

问问自己:你是否曾渴望在某一个领域达到最高的知识或技能水平?你是否对突破自己某方面的极限感到兴奋?你是否愿意在某一个专一的技术领域投入自己巨大的努力?

生涯深度往往通过行业内的专业奖项评定。如学术界的学术地位、科学界的诺贝尔奖、新闻界的普利策奖、体育界的奥林匹克金牌等。

3. 生涯的第三个发展维度:宽度。终极价值:爱与和谐

生涯宽度就是指我们能够打开和做好人生中多少个不同的人生角色,让它们丰富又互相平衡。生涯宽度的追寻者发展不在高处,不在深处,而是横向展开。他们的追求是做好生命给予的每一个角色:做一个浪漫又让人惊喜的恋人,做朋友们永远信任的伙伴、做孩子和蔼有爱的父母、做爸妈孝顺如意的孩子。与此同时,他们还努力拓展更多的可能性:成为热心公益的志愿者,成为有责任心的公民。

我的生涯宽度:

问问自己:你是否渴望体验生命中更多的角色?你的各种角色是否都发展完整和成熟?你的各种角色之间是否平衡?

1957~1990年,著名的美国生涯大师舒伯以生涯彩虹图表达了对终生生涯发展的见解,总结出人生最常见的八种角色:子女、学生、休闲者、公民、工作者、持家者等。舒伯指出:生涯的重要任务是帮助人们形成一个整合的、恰当的、清晰的自我概念。

4. 生涯的第四个发展维度:温度。终极价值:自由

生涯温度指的是我们对生命的热度,我们对生活有多大的热爱与激情,能多大程度活出自己本来的面目。生涯温度的追寻者们渴求自由,探索内在世界,追寻真实鲜活的生命状态,寻找自己存在的意义与天命。这是生涯最内在的一个维度,是评判标准最个性化的一个维度,却也是与幸福相关度最紧密的一个维度。

我的生涯温度:

你希望以怎样的激情与热度投入生活?你是否时常有"那就是我"的自我感?如果时间暂停三天,你做什么都能成功,你会做些什么?

正是因为这个维度如此不容易察觉,所以很多人用其他三个维度来评价这个维度,比如说认为"功成名就""优秀卓越""儿孙满堂"等已然足够。他们认为,这样我们温度就应该很高了吧。其实温度就是温度,各人吃饭各人饱,自己温度自己掌握。

那么,我们的人生,到底有多少种可能呢?

如你看到的那样,我们的生涯有四个维度,除了追寻功成名就之路,至少还有另外三种可能:追寻智慧、爱与关系和自由。人们陷入生涯困境,往往因为他们匆匆忙忙,却只能看到一个人生方向。当你看到立体的生命出现,而每一个维度又可以有自己的方式时,生命就有无限可能。

8.3 打造职业规划要知道的五件事

大多数人走在错误的职业道路上。各个年龄层的大部分人都将职场生活视为一份工作,而不是一段职业生涯。他们将过多的注意力放在近在眼前的下一步上,而不是整条路径。他们大都将职业生涯当成一场短跑比赛,然而事实上,这是一场大概长达45年的马拉松。他们更关心下周二的升职加薪,而不是在真正重要的时候,也就是四五十岁时拥有更好的选择。许多人为自己的职业生涯辗转反侧,不断寻求建议却得不到答案。职业生涯的概念正在快速地变化,依赖过去的做法会让人举步维艰。因此,无数人漫无目的地四处跳槽,或者停留在意义不大的岗位上,似乎无法摆脱这样的恶性循环。人人都需要一份职业规划。打造职业规划要知道以下五件事。

(1)职业生涯的持续时间长得惊人,包括了三个截然不同的阶段。职业生涯的持续时间比人们想象的长得多,至少有45年之久,而且未来很可能会进一步延长。对大部分人而言,40岁之后的工作年数要比之前的更多。职业生涯由三个主要阶段组成,分别持续大约15年时间。这三个阶段之间紧密关联,你在一个阶段的所作所为既可能为接下来的阶段创造机会,也可能带来恶果。

第一阶段是强势开局的时候。你在职业上的努力必须着重于为前方的漫长道路挖掘和装备自己。你的学习曲线要比职位、职称更加重要。在这一阶段,要为职业生涯打好基础并建立起良好的早期习惯。

第二阶段是聚焦长板的时候。该阶段的首要目标是寻找自己的甜蜜区,即你所擅长的、所热爱的和这个世界所需要的这三者之间的交集。这个时候你要展现自我,让自己鹤立鸡群,想方设法平稳地走在那条收获最大的职场路径上。你要专注于自己的长板,且大可忽略自己的短板。

第三阶段致力于实现持续的影响力,以及寻找一条可以稳定延续到60多岁甚至70多岁的新的可持续职业道路。你要在第三阶段完成三个关键任务:完成继任计划、保持关联性,以及为自己点燃一团新的职业之火。

(2)职场燃料很重要,因为职业生涯的基础决定结果。为了推动自己走完这段漫长的旅程,你需要大量的职场燃料。这种燃料有三个主要来源:可迁移技能、有意义的经验和持久的关系。随着全球的就业市场不断以不可预测的方式转变,如果没有这样的职场燃料,你就有可能变得不堪一击。职场燃料对于整个职业生涯的各个时期都至关重要。在第一阶段,你需要积累它;在第二阶段,你需要利用它;而在第三阶段,你需要更新和维护它。

(3) 职业生涯需要通过对时间的巧妙投资来构建。职场燃料的可持续供应需要耐心和坚持。有人之所以能成为精通某一方面的专家或者"大师",不仅是因为有天赋,而且是因为数千小时的学习、体验和实践。你在工作和生活中如何投资时间对你的成功和幸福有深远的影响。

(4) 职业生涯并不是以线性或者可预测的方式发展的。你必须时刻保持探索和学习的状态。职业机遇会变化,你的人生目标也会变化。当你遇到了新的路径和机会时,要保持冷静,有策略地思考。时刻准备好迎接无法避免的变化,并让自己的职业策略随机应变。成功的职业生涯既需要自我的规划,也需要良好的运气。自我的规划之所以必不可少,是因为它能让你抓住机遇。

(5) 职业生涯远不止于一份工作,而是生活的一大部分。这就是为什么你需要一个职业规划的框架的原因,它不仅可以用来甄选工作,而且是一种让职业生涯融入更广阔的人生追求里的整体方法,那些人生追求包括你的亲子关系、跨国工作、未来发展以及终极幸福。你欠自己一份职业策略和职业规划,而制订它们的人选是毋庸置疑的。在这星球上的70亿人中,只有一个人能够陪伴你走完整个职业生涯,那就是你自己。

8.4 做现实的理想主义者

在这个充满多种可能的时代,很多人深陷于理想与现实的泥沼。时代让我们看到越来越多可能的生活方式,个人成长和心理的热潮让我们开始在意和关注自己,越来越多的人渴望自我实现,追求生命的价值和意义;但同时,现实越来越残酷,高竞争的工作、高不可攀的房价、拥挤的交通、糟糕的空气……在竭尽全力生存的日子里,似乎没有时间追求梦想,仿佛越来越远离想要的生活。

一头奔入梦想不敢,留下过平庸的生活又不甘,如何才能越过现实和理想的鸿沟,找到和进入自己希望的人生呢?需要的是一套连接现实与理想的"现实的理想主义"战略。先进入现实之路,在这里修炼,获得必要的锻炼、给养、技术、技巧,在做好储备、更好地了解自己之后,你就可以开始寻找两条路的交汇之处。在现实的理想主义者的战略中,现实与理想——当前与未来的现实——并不冲突,反而是手段和目标的关系。未来的现实所需要的眼界、资源、能力、格局,都可以在当前的现实中找到,你在现实之路走得越远,朋友越多,发现与梦想之路的交汇也就越容易。

现实的理想主义者四法则：

(1)自我实现是一个渐进的过程,要走过生存、发展和实现三个阶段,很难一步到位,需要分阶段实现。阶段可以加速,却无法跨越。

(2)发展好当下的职业是自我实现的重要手段,会给你带来发展事业所需要的能力、资源及平台。如果你还没有遇见自己的理想,你至少可以让自己为抓住它做好准备。

(3)控制欲望也是自我实现的重要手段。很多人不是找不到理想,而是无力逃脱现实,控制住自己的欲望,能让你保持自由与灵活。

(4)世上没有现成的梦想。如果想要,自己造一个。所有的理想都不是"找到的",而是在职业中通过自我修炼、思考、经历和观察而"发展出来"的,与其等待一个虚幻的理想,不如现在就出发。

参考文献

[1] 彭贤,马恩. 大学生职业生涯规划活动教程[M]北京:清华大学出版社,北京交通大学出版社,2010.

[2] 金树人. 生涯咨询与辅导[M]. 北京:高等教育出版社,2007.

[3] 钟谷兰. 大学生职业生涯发展与规划[M]. 上海:华东师范大学出版社,2016.

[4] 杜耿. 重塑职业生涯规划:个性、生活与职业[M]. 北京:人民邮电出版社,2013.

[5] 于翠霞. 朝着梦想奔跑——大学生成长手册[M]. 北京:机械工业出版社,2015.

[6] 清华大学职业能力发展研究中心. 初入职场ABC[M]. 北京:化学工业出版社,2018.

[7] 古典. 生涯规划师[M]. 江苏:江苏凤凰科学技术出版社,2016.

[8] 谢珊. 大学生职业生涯发展教师用书[M]. 广州:广东高等教育出版社,2014.

[9] 蔡世玲,洪向阳. 高中生生涯发展导航[M]. 广州:广东教育出版社,2016.

[10] 钱静峰. 是时候聊聊生涯了[M]. 上海:上海交通大学出版社,2016.

[11] 邱孝述,帅培清. 全程生涯教育实务手册[M]. 重庆:重庆大学出版社,2018.

[12] 陈宝剑. 高校毕业生到国际组织实习任职入门[M]. 北京:北京大学出版社,2019.

[13] 马克斯维尔. 领导力21法则[M]. 上海:文汇出版社,2017.

[14] 程良越. 大学生职业生涯发展[M]. 广州:广东高等教育出版社,2011.

[15] 慕永国,田振辉. 大学生职业发展与就业指导[M]. 北京:现代教育出版社,2011.

[16] 赵北平. 大学生涯规划与职业发展[M]. 北京:教育科学出版社,2016.

[17] 胡敏. 全球胜任力[M]. 北京:东方出版社,2019.

[18] 李明一. 学生生涯发展手册(学生版)[M]. 北京:北京师范大学出版社,2017.

[19] 曲振国. 大学生职业生涯规划与就业创业指导教程[M]. 西安:西安交通大

学出版社,2015.

[20] 布赖恩·费瑟斯通豪.远见:如何规划职业生涯3大阶段[M].苏健,译.北京:北京联合出版公司,2018.

[21] 古典.你的生命有什么可能[M].长沙:湖南文艺出版社,2014.

[22] 程龙泉.职业能力培养与就业指导[M].北京:北京理工大学出版社,2017.